Chinesische Gaumenfreuden

Eine Reise durch die Kulinarische Schatzkammer Chinas

Wei Chen

Inhaltsverzeichnis

Einführung *10*
  Huhn mit Bambussprossen *11*
  Gedämpfter Schinken *12*
  Speck mit Kohl *13*
  Mandelhähnchen *14*
  Hähnchen mit Mandeln und Wasserkastanien *16*
  Hähnchen mit Mandeln und Gemüse *17*
  Anishuhn *18*
  Huhn mit Aprikosen *20*
  Huhn mit Spargel *21*
  Huhn mit Aubergine *22*
  Huhn in Schinkenhülle *23*
  Huhn mit Sojasprossen *24*
  Hühnchen mit schwarzer Bohnensauce *25*
  Huhn mit Brokkoli *26*
  Huhn mit Kohl und Erdnüssen *27*
  Huhn mit Cashewnüssen *28*
  Huhn mit Kastanien *30*
  Scharfes Chili-Hähnchen *31*
  Gebratenes Hähnchen mit Chili *32*
  Hähnchen Chop Suey *34*
  Huhn Chow Mein *35*
  Knusprig gebratenes, gewürztes Hähnchen *37*
  Gebratenes Hähnchen mit Gurke *39*
  Chili-Hähnchen-Curry *40*
  Chinesisches Hühnercurry *41*
  Schnelles Curry-Hähnchen *42*
  Curryhuhn mit Kartoffeln *43*
  Frittierte Hähnchenschenkel *44*
  Frittiertes Hähnchen mit Currysauce *46*
  Betrunkenes Huhn *47*
  Herzhaftes Hähnchen mit Eiern *48*

Hühnereierbrötchen *50*
Geschmortes Hähnchen mit Eiern *52*
Fernöstliches Huhn *54*
Chicken Foo Yung *55*
Schinken und Hühnchen Foo Yung *56*
Frittiertes Hähnchen mit Ingwer *57*
Ingwerhuhn *58*
Ingwerhähnchen mit Pilzen und Kastanien *59*
Goldenes Huhn *60*
Marinierter goldener Hühnereintopf *61*
Goldene Münzen *63*
Gedämpftes Hähnchen mit Schinken *65*
Hähnchen mit Hoisinsauce *65*
Honighuhn *67*
Kung Pao Hühnerfleisch *67*
Huhn mit Lauch *69*
Zitronenhähnchen *70*
Zitronen-Hähnchen-Pfanne *72*
Hühnerleber mit Bambussprossen *73*
Frittierte Hühnerleber *74*
Hühnerleber mit Zuckererbsen *75*
Hühnerleber mit Nudelpfannkuchen *76*
Hühnerleber mit Austernsauce *77*
Hühnerleber mit Ananas *78*
Süß-saure Hühnerleber *79*
Huhn mit Litschis *80*
Hühnchen mit Litschisauce *81*
Hähnchen mit Zuckerschoten *82*
Huhn mit Mangos *83*
Mit Hühnchen gefüllte Melone *85*
Hähnchen-Pilz-Pfanne *85*
Hähnchen mit Pilzen und Erdnüssen *86*
Gebratenes Hähnchen mit Pilzen *88*
Gedämpftes Hähnchen mit Pilzen *90*
Huhn mit Zwiebeln *91*
Orangen-Zitronen-Hähnchen *92*

Hähnchen mit Austernsauce *93*
Hühnerpakete *94*
Huhn mit Erdnüssen *95*
Huhn mit Erdnussbutter *96*
Huhn mit Erbsen *97*
Peking-Huhn *98*
Huhn mit Paprika *99*
Gebratenes Hähnchen mit Paprika *101*
Huhn und Ananas *103*
Hähnchen mit Ananas und Litschis *104*
Huhn mit Schweinefleisch *105*
Geschmortes Hähnchen mit Kartoffeln *106*
Fünf-Gewürze-Hähnchen mit Kartoffeln *107*
Rotgekochtes Hähnchen *108*
Hähnchenfrikadellen *109*
Herzhaftes Huhn *110*
Huhn in Sesamöl *111*
Sherry-Huhn *112*
Huhn mit Sojasauce *113*
Würziges gebackenes Hähnchen *114*
Huhn mit Spinat *115*
Hühnchen-Frühlingsrollen *116*
Einfache Hähnchenpfanne *119*
Hähnchen in Tomatensauce *120*
Huhn mit Tomaten *121*
Pochiertes Hähnchen mit Tomaten *122*
Hähnchen und Tomaten mit schwarzer Bohnensauce *123*
Schnell gekochtes Hähnchen mit Gemüse *124*
Walnusshuhn *125*
Huhn mit Walnüssen *126*
Huhn mit Wasserkastanien *127*
Herzhaftes Hähnchen mit Wasserkastanien *128*
Hühnchen-Wontons *129*
Knusprige Hähnchenflügel *130*
Hähnchenflügel mit fünf Gewürzen *131*
Marinierte Hähnchenflügel *132*

Königliche Chicken Wings *134*
Gewürzte Hähnchenflügel *135*
Gegrillte Hähnchenkeulen *136*
Hoisin-Hähnchenkeulen *137*
Geschmortes Huhn *138*
Knusprig frittiertes Hühnchen *139*
Frittiertes ganzes Hähnchen *140*
Fünf-Gewürze-Hähnchen *141*
Hühnchen mit Ingwer und Frühlingszwiebeln *143*
Pochiertes Hähnchen *144*
Rotgekochtes Hähnchen *145*
Rotgekochtes, gewürztes Hähnchen *146*
Sesam-Brathähnchen *147*
Huhn in Sojasauce *148*
Gedämpftes Hähnchen *149*
Gedämpftes Hähnchen mit Anis *150*
Hähnchen mit seltsamem Geschmack *152*
Knusprige Hähnchenstücke *153*
Huhn mit grünen Bohnen *154*
Gekochtes Hähnchen mit Ananas *155*
Hähnchen mit Paprika und Tomaten *156*
Sesame Chicken *157*
Gebratene Stubenküken *158*
Truthahn mit Zuckererbsen *159*
Truthahn mit Paprika *161*
Chinesischer gebratener Truthahn *163*
Truthahn mit Walnüssen und Pilzen *164*
Ente mit Bambussprossen *165*
Ente mit Sojasprossen *166*
Geschmorte Ente *167*
Gedämpfte Ente mit Sellerie *168*
Ente mit Ingwer *169*
Ente mit grünen Bohnen *170*
Frittierte gedämpfte Ente *171*
Ente mit exotischen Früchten *172*
Geschmorte Ente mit chinesischen Blättern *174*

Betrunkene Ente *175*
Fünf-Gewürze-Ente *176*
Gebratene Ente mit Ingwer *177*
Ente mit Schinken und Lauch *178*
Mit Honig gebratene Ente *179*
Feucht gebratene Ente *180*
Gebratene Ente mit Pilzen *181*
Ente mit zwei Pilzen *183*
Geschmorte Ente mit Zwiebeln *184*
Ente mit Orange *186*
Orangengebratene Ente *187*
Ente mit Birnen und Kastanien *188*
Pekingente *189*
Geschmorte Ente mit Ananas *192*
Gebratene Ente mit Ananas *193*
Ananas-Ingwer-Ente *194*
Ente mit Ananas und Litschis *195*
Ente mit Schweinefleisch und Kastanien *196*
Ente mit Kartoffeln *197*
Rotgekochte Ente *199*
Gebratene Ente in Reiswein *200*
Gedämpfte Ente mit Reiswein *201*
Herzhafte Ente *202*
Pikante Ente mit grünen Bohnen *203*
Langsam gekochte Ente *204*
Gebratene Ente *206*
Ente mit Süßkartoffeln *207*
Süß-saure Ente *210*
Mandarinenente *211*
Ente mit Gemüse *212*
Gebratene Ente mit Gemüse *214*
Weißgekochte Ente *215*
Ente mit Wein *216*
Weindampf-Ente *217*
Gebratener Fasan *218*
Fasan mit Mandeln *219*

Wildbret mit getrockneten Pilzen... *220*
Gesalzene Eier *221*
Soja-Eier *222*

Einführung

Jeder, der gerne kocht, liebt es, mit neuen Gerichten und neuen Geschmackserlebnissen zu experimentieren. Die asiatische Küche erfreut sich in den letzten Jahren großer Beliebtheit, da sie eine vielfältige Geschmacksvielfalt bietet. Die meisten Gerichte werden auf dem Herd zubereitet und viele sind schnell zubereitet und eignen sich daher ideal für den vielbeschäftigten Koch, der ein appetitliches und attraktives Gericht zubereiten möchte, wenn wenig Zeit übrig ist. Wenn Sie die fernöstliche Küche wirklich genießen, haben Sie wahrscheinlich bereits einen Wok, und dieser ist das perfekte Utensil zum Kochen der meisten Gerichte im Buch. Wenn Sie noch nicht überzeugt sind, dass diese Art des Kochens das Richtige für Sie ist, probieren Sie die Rezepte mit einer guten Bratpfanne oder einem Topf aus. Wenn Sie feststellen, wie einfach sie zuzubereiten sind und wie lecker sie zu essen sind, möchten Sie mit ziemlicher Sicherheit in einen Wok für Ihre Küche investieren.

Huhn mit Bambussprossen

Für 4 Personen

45 ml/3 EL Erdnussöl
1 Knoblauchzehe, zerdrückt
1 Frühlingszwiebel (Frühlingszwiebel), gehackt
1 Scheibe Ingwerwurzel, gehackt
225 g Hähnchenbrust, in Streifen geschnitten
225 g Bambussprossen, in Streifen geschnitten
45 ml/3 EL Sojasauce
15 ml/1 EL Reiswein oder trockener Sherry
5 ml/1 TL Speisestärke (Maisstärke)

Das Öl erhitzen und Knoblauch, Frühlingszwiebel und Ingwer anbraten, bis sie leicht gebräunt sind. Das Hähnchen dazugeben und 5 Minuten unter Rühren braten. Die Bambussprossen hinzufügen und 2 Minuten unter Rühren braten. Sojasauce, Wein oder Sherry und Maisstärke einrühren und etwa 3 Minuten unter Rühren braten, bis das Hähnchen gar ist.

Gedämpfter Schinken

Für 6–8 Personen

900 g frischer Schinken
30 ml/2 EL brauner Zucker
60 ml/4 EL Reiswein oder trockener Sherry

Legen Sie den Schinken in eine hitzebeständige Form auf einem Rost, dämpfen Sie ihn zugedeckt über kochendem Wasser etwa 1 Stunde lang. Zucker und Wein oder Sherry in die Schüssel geben, abdecken und eine weitere Stunde dämpfen, bis der Schinken gar ist. Vor dem Schneiden in der Schüssel abkühlen lassen.

Speck mit Kohl

Für 4 Personen

4 Scheiben Speck, geschwartet und gehackt

2,5 ml/½ TL Salz

1 Scheibe Ingwerwurzel, gehackt

½ Kohl, zerkleinert

75 ml/5 EL Hühnerbrühe

15 ml/1 EL Austernsauce

Den Speck knusprig braten und dann aus der Pfanne nehmen. Salz und Ingwer hinzufügen und 2 Minuten unter Rühren braten. Den Kohl dazugeben und gut umrühren, dann den Speck unterrühren und die Brühe dazugeben, abdecken und etwa 5 Minuten köcheln lassen, bis der Kohl zart, aber noch leicht knusprig ist. Die Austernsauce einrühren, abdecken und vor dem Servieren 1 Minute köcheln lassen.

Mandelhähnchen

Für 4–6 Personen

375 ml/13 fl oz/1½ Tassen Hühnerbrühe

60 ml/4 EL Reiswein oder trockener Sherry

45 ml/3 EL Speisestärke (Maisstärke)

15 ml/1 EL Sojasauce

4 Hähnchenbrüste

1 Eiweiß

2,5 ml/½ TL Salz

Öl zum Frittieren

75 g/3 oz/½ Tasse blanchierte Mandeln

1 große Karotte, gewürfelt

5 ml/1 TL geriebene Ingwerwurzel

6 Frühlingszwiebeln (Frühlingszwiebeln), in Scheiben geschnitten

3 Stangen Sellerie, in Scheiben geschnitten

100 g Champignons, in Scheiben geschnitten

100 g Bambussprossen, in Scheiben geschnitten

Die Brühe, die Hälfte des Weins oder Sherrys, 30 ml/2 EL Speisestärke und die Sojasauce in einem Topf vermischen. Unter Rühren zum Kochen bringen und dann 5 Minuten köcheln lassen, bis die Mischung eindickt. Vom Herd nehmen und warm halten.

Entfernen Sie die Haut und die Knochen vom Huhn und schneiden Sie es in 2,5 cm große Stücke. Den restlichen Wein oder Sherry und die Speisestärke, das Eiweiß und das Salz vermischen, die Hähnchenteile dazugeben und gut verrühren. Erhitzen Sie das Öl und braten Sie die Hähnchenteile nacheinander etwa 5 Minuten lang goldbraun an. Gut abtropfen lassen. Nehmen Sie alles bis auf 30 ml/2 EL Öl aus der Pfanne und braten Sie die Mandeln 2 Minuten lang goldbraun an. Gut abtropfen lassen. Karotte und Ingwer in die Pfanne geben und 1 Minute lang anbraten. Das restliche Gemüse dazugeben und etwa 3 Minuten unter Rühren anbraten, bis das Gemüse zart, aber noch knusprig ist. Geben Sie das Hähnchenfleisch und die Mandeln mit der Soße wieder in die Pfanne und rühren Sie es bei mäßiger Hitze einige Minuten lang um, bis es durchgewärmt ist.

Hähnchen mit Mandeln und Wasserkastanien

Für 4 Personen

6 getrocknete chinesische Pilze

4 Hähnchenstücke, ohne Knochen

100 g gemahlene Mandeln

Salz und frisch gemahlener Pfeffer

60 ml/4 EL Erdnussöl

100 g Wasserkastanien, in Scheiben geschnitten

75 ml/5 EL Hühnerbrühe

30 ml/2 EL Sojasauce

Die Pilze 30 Minuten in warmem Wasser einweichen und dann abtropfen lassen. Die Stiele entfernen und die Kappen in Scheiben schneiden. Hähnchen in dünne Scheiben schneiden. Die Mandeln großzügig mit Salz und Pfeffer würzen und die Hähnchenscheiben mit den Mandeln bestreichen. Das Öl erhitzen und das Hähnchen anbraten, bis es leicht gebräunt ist. Pilze, Wasserkastanien, Brühe und Sojasauce hinzufügen, zum Kochen bringen, abdecken und einige Minuten köcheln lassen, bis das Huhn gar ist.

Hähnchen mit Mandeln und Gemüse

Für 4 Personen

75 ml/5 EL Erdnussöl

4 Scheiben Ingwerwurzel, gehackt

5 ml/1 TL Salz

100 g Chinakohl, zerkleinert

50 g Bambussprossen, gewürfelt

50 g Pilze, gewürfelt

2 Stangen Sellerie, gewürfelt

3 Wasserkastanien, gewürfelt

120 ml/4 fl oz/½ Tasse Hühnerbrühe

225 g Hähnchenbrust, gewürfelt

15 ml/1 EL Reiswein oder trockener Sherry

50 g Zuckererbsen (Zuckerschoten)

100 g Mandelblättchen, geröstet

10 ml/2 TL Speisestärke (Maisstärke)

15 ml/1 EL Wasser

Die Hälfte des Öls erhitzen und Ingwer und Salz 30 Sekunden lang anbraten. Kohl, Bambussprossen, Pilze, Sellerie und Wasserkastanien hinzufügen und 2 Minuten unter Rühren anbraten. Brühe hinzufügen, aufkochen, abdecken und 2 Minuten köcheln lassen. Gemüse und Soße aus der Pfanne nehmen. Das restliche Öl erhitzen und das Hähnchen 1 Minute braten. Wein oder Sherry hinzufügen und 1 Minute braten. Das Gemüse mit den Zuckererbsen und Mandeln wieder in die Pfanne geben und 30 Sekunden köcheln lassen. Speisestärke und Wasser zu einer Paste verrühren, in die Soße einrühren und unter Rühren köcheln lassen, bis die Soße eindickt.

Anishuhn

Für 4 Personen

75 ml/5 EL Erdnussöl

2 Zwiebeln, gehackt

1 Knoblauchzehe, gehackt

2 Scheiben Ingwerwurzel, gehackt

15 ml/1 EL einfaches (Allzweck-)Mehl

30 ml/2 EL Currypulver

450 g/1 Pfund Hähnchen, gewürfelt

15 ml/1 EL Zucker

30 ml/2 EL Sojasauce

450 ml/¾ pt/2 Tassen Hühnerbrühe
2 Nelken Sternanis
225 g Kartoffeln, gewürfelt

Die Hälfte des Öls erhitzen und die Zwiebeln anbraten, bis sie leicht gebräunt sind, dann aus der Pfanne nehmen. Restliches Öl erhitzen und Knoblauch und Ingwer 30 Sekunden anbraten. Mehl und Currypulver einrühren und 2 Minuten kochen lassen. Geben Sie die Zwiebeln wieder in die Pfanne, fügen Sie das Hähnchen hinzu und braten Sie es 3 Minuten lang an. Zucker, Sojasauce, Brühe und Anis hinzufügen, aufkochen und zugedeckt 15 Minuten köcheln lassen. Die Kartoffeln dazugeben, erneut aufkochen, abdecken und weitere 20 Minuten köcheln lassen, bis sie weich sind.

Huhn mit Aprikosen

Für 4 Personen

4 Hähnchenstücke

Salz und frisch gemahlener Pfeffer

Prise gemahlener Ingwer

60 ml/4 EL Erdnussöl

225 g Aprikosen aus der Dose, halbiert

300 ml/½ pt/1¼ Tassen Süß-Sauer-Sauce

30 ml/2 EL Mandelblättchen, geröstet

Das Hähnchen mit Salz, Pfeffer und Ingwer würzen. Das Öl erhitzen und das Hähnchen anbraten, bis es leicht gebräunt ist. Abdecken und etwa 20 Minuten kochen lassen, bis es weich ist, dabei gelegentlich wenden. Lassen Sie das Öl ab. Die Aprikosen und die Soße in die Pfanne geben, zum Kochen bringen, abdecken und etwa 5 Minuten leicht köcheln lassen, bis es durchgeheizt ist. Mit Mandelblättchen garnieren.

Huhn mit Spargel

Für 4 Personen

45 ml/3 EL Erdnussöl

5 ml/1 TL Salz

1 Knoblauchzehe, zerdrückt

1 Frühlingszwiebel (Frühlingszwiebel), gehackt

1 Hähnchenbrust, in Scheiben geschnitten

30 ml/2 EL schwarze Bohnensauce

350 g Spargel, in 2,5 cm große Stücke geschnitten

120 ml/4 fl oz/½ Tasse Hühnerbrühe

5 ml/1 TL Zucker

15 ml/1 EL Speisestärke (Maisstärke)

45 ml/3 EL Wasser

Die Hälfte des Öls erhitzen und Salz, Knoblauch und Frühlingszwiebeln anbraten, bis sie leicht gebräunt sind. Das Hähnchen dazugeben und anbraten, bis es eine leichte Farbe annimmt. Fügen Sie die schwarze Bohnensauce hinzu und rühren Sie um, um das Huhn zu bedecken. Spargel, Brühe und Zucker dazugeben, aufkochen, abdecken und 5 Minuten köcheln lassen, bis das Hähnchen weich ist. Speisestärke und Wasser zu einer Paste vermischen, in die Pfanne rühren und unter Rühren köcheln lassen, bis die Soße klar wird und eindickt.

Huhn mit Aubergine

Für 4 Personen

225 g/8 oz Hähnchen, in Scheiben geschnitten
15 ml/1 EL Sojasauce
15 ml/1 EL Reiswein oder trockener Sherry
15 ml/1 EL Speisestärke (Maisstärke)
1 Aubergine (Aubergine), geschält und in Streifen geschnitten
30 ml/2 EL Erdnussöl
2 getrocknete rote Chilischoten
2 Knoblauchzehen, zerdrückt
75 ml/5 EL Hühnerbrühe

Legen Sie das Huhn in eine Schüssel. Sojasauce, Wein oder Sherry und Speisestärke verrühren, unter das Hähnchen rühren und 30 Minuten ziehen lassen. Die Aubergine 3 Minuten in kochendem Wasser blanchieren und dann gut abtropfen lassen. Erhitzen Sie das Öl und braten Sie die Paprika an, bis sie dunkel werden. Nehmen Sie sie dann heraus und entsorgen Sie sie. Knoblauch und Hühnchen dazugeben und unter Rühren anbraten, bis sie leicht Farbe haben. Brühe und Aubergine dazugeben, aufkochen, abdecken und unter gelegentlichem Rühren 3 Minuten köcheln lassen.

Huhn in Schinkenhülle

Für 4–6 Personen
225 g/8 oz Hähnchen, gewürfelt
30 ml/2 EL Sojasauce
15 ml/1 EL Reiswein oder trockener Sherry
5 ml/1 TL Zucker
5 ml/1 TL Sesamöl
Salz und frisch gemahlener Pfeffer
225 g Speckscheiben
1 Eier, leicht geschlagen
100 g/4 oz einfaches (Allzweck-)Mehl
Öl zum Frittieren
4 Tomaten, in Scheiben geschnitten

Das Hähnchen mit Sojasauce, Wein oder Sherry, Zucker, Sesamöl, Salz und Pfeffer vermischen. Abdecken und 1 Stunde marinieren lassen, dabei gelegentlich umrühren, dann das Hähnchen herausnehmen und die Marinade wegwerfen. Den Speck in Stücke schneiden und um die Hähnchenwürfel wickeln. Die Eier mit dem Mehl verrühren, bis ein dicker Teig entsteht, bei Bedarf etwas Milch dazugeben. Tauchen Sie die Würfel in den Teig. Das Öl erhitzen und die Würfel frittieren, bis sie goldbraun und durchgegart sind. Mit Tomaten garniert servieren.

Huhn mit Sojasprossen

Für 4 Personen

45 ml/3 EL Erdnussöl

1 Knoblauchzehe, zerdrückt

1 Frühlingszwiebel (Frühlingszwiebel), gehackt

1 Scheibe Ingwerwurzel, gehackt

225 g Hähnchenbrust, in Streifen geschnitten

225 g Sojasprossen

45 ml/3 EL Sojasauce

15 ml/1 EL Reiswein oder trockener Sherry

5 ml/1 TL Speisestärke (Maisstärke)

Das Öl erhitzen und Knoblauch, Frühlingszwiebel und Ingwer anbraten, bis sie leicht gebräunt sind. Das Hähnchen dazugeben und 5 Minuten unter Rühren braten. Die Sojasprossen hinzufügen und 2 Minuten unter Rühren braten. Sojasauce, Wein oder Sherry und Maisstärke einrühren und etwa 3 Minuten unter Rühren braten, bis das Hähnchen gar ist.

Hühnchen mit schwarzer Bohnensauce

Für 4 Personen
30 ml/2 EL Erdnussöl
5 ml/1 TL Salz
30 ml/2 EL schwarze Bohnensauce
2 Knoblauchzehen, zerdrückt
450 g/1 Pfund Hähnchen, gewürfelt
250 ml/8 fl oz/1 Tasse Brühe
1 grüne Paprika, gewürfelt
1 Zwiebel, gehackt
15 ml/1 EL Sojasauce
frisch gemahlener Pfeffer

15 ml/1 EL Speisestärke (Maisstärke)
45 ml/3 EL Wasser

Das Öl erhitzen und das Salz, die schwarzen Bohnen und den Knoblauch 30 Sekunden lang anbraten. Das Hähnchen dazugeben und anbraten, bis es leicht gebräunt ist. Brühe einrühren, aufkochen, abdecken und 10 Minuten köcheln lassen. Paprika, Zwiebel, Sojasauce und Pfeffer hinzufügen, zugedeckt weitere 10 Minuten köcheln lassen. Maisstärke und Wasser zu einer Paste verrühren, in die Soße einrühren und unter Rühren köcheln lassen, bis die Soße eindickt und das Hähnchen zart ist.

Huhn mit Brokkoli

Für 4 Personen
450 g Hühnerfleisch, gewürfelt
225 g/8 oz Hühnerleber
45 ml/3 EL einfaches (Allzweck-)Mehl
45 ml/3 EL Erdnussöl
1 Zwiebel, gewürfelt
1 rote Paprika, gewürfelt
1 grüne Paprika, gewürfelt
225 g Brokkoliröschen
4 Scheiben Ananas, gewürfelt
30 ml/2 EL Tomatenmark (Paste)

30 ml/2 EL Hoisinsauce

30 ml/2 EL Honig

30 ml/2 EL Sojasauce

300 ml/½ pt/1 ¼ Tassen Hühnerbrühe

10 ml/2 TL Sesamöl

Hähnchen und Hühnerleber im Mehl wenden. Das Öl erhitzen und die Leber 5 Minuten lang anbraten, dann aus der Pfanne nehmen. Das Hähnchen dazugeben, abdecken und bei mäßiger Hitze 15 Minuten braten, dabei gelegentlich umrühren. Gemüse und Ananas dazugeben und 8 Minuten unter Rühren anbraten. Die Lebern wieder in den Wok geben, die restlichen Zutaten hinzufügen und zum Kochen bringen. Unter Rühren köcheln lassen, bis die Soße eindickt.

Huhn mit Kohl und Erdnüssen

Für 4 Personen

45 ml/3 EL Erdnussöl

30 ml/2 EL Erdnüsse

450 g/1 Pfund Hähnchen, gewürfelt

½ Kohl, in Quadrate geschnitten

15 ml/1 EL schwarze Bohnensauce

2 rote Chilischoten, gehackt

5 ml/1 TL Salz

Etwas Öl erhitzen und die Erdnüsse einige Minuten unter ständigem Rühren anbraten. Herausnehmen, abtropfen lassen und zerdrücken. Das restliche Öl erhitzen und das Hähnchen und den Kohl anbraten, bis sie leicht gebräunt sind. Aus der Pfanne nehmen. Fügen Sie die schwarze Bohnensauce und die Chilischoten hinzu und braten Sie sie 2 Minuten lang an. Hähnchen und Kohl mit den zerstoßenen Erdnüssen wieder in die Pfanne geben und mit Salz würzen. Unter Rühren braten, bis es durchgeheizt ist, und dann sofort servieren.

Huhn mit Cashewnüssen

Für 4 Personen

30 ml/2 EL Sojasauce

30 ml/2 EL Speisestärke (Maisstärke)

15 ml/1 EL Reiswein oder trockener Sherry

350 g/12 oz Hähnchen, gewürfelt

45 ml/3 EL Erdnussöl

2,5 ml/½ TL Salz

2 Knoblauchzehen, zerdrückt

225 g/8 oz Pilze, in Scheiben geschnitten

100 g Wasserkastanien, in Scheiben geschnitten

100 g Bambussprossen

50 g Zuckererbsen (Zuckerschoten)

225 g/8 oz/2 Tassen Cashewnüsse

300 ml/½ pt/1¼ Tassen Hühnerbrühe

Sojasauce, Speisestärke und Wein oder Sherry vermischen, über das Hähnchen gießen, abdecken und mindestens 1 Stunde marinieren lassen. 30 ml/2 EL Öl mit Salz und Knoblauch erhitzen und anbraten, bis der Knoblauch leicht gebräunt ist. Fügen Sie das Hähnchen mit der Marinade hinzu und braten Sie es 2 Minuten lang an, bis das Hähnchen leicht gebräunt ist. Pilze, Wasserkastanien, Bambussprossen und Zuckererbsen dazugeben und 2 Minuten unter Rühren anbraten. In der Zwischenzeit das restliche Öl in einer separaten Pfanne erhitzen und die Cashewnüsse bei sanfter Hitze einige Minuten goldbraun braten. Mit der Brühe in die Pfanne geben, aufkochen, abdecken und 5 Minuten köcheln lassen. Wenn die Soße nicht ausreichend eingedickt ist, etwas Speisestärke mit einem Löffel Wasser vermischen und rühren, bis die Soße eindickt und klar wird.

Huhn mit Kastanien

Für 4 Personen

225 g/8 oz Hähnchen, in Scheiben geschnitten

5 ml/1 TL Salz

15 ml/1 EL Sojasauce

Öl zum Frittieren

250 ml/8 fl oz/1 Tasse Hühnerbrühe

200 g Wasserkastanien, gehackt

225 g/8 oz Kastanien, gehackt

225 g/8 oz Champignons, geviertelt

15 ml/1 EL gehackte frische Petersilie

Bestreuen Sie das Hähnchen mit Salz und Sojasauce und reiben Sie es gut ein. Das Öl erhitzen und das Hähnchen goldbraun frittieren, dann herausnehmen und abtropfen lassen. Das Hähnchen mit der Brühe in einen Topf geben, aufkochen und 5 Minuten köcheln lassen. Wasserkastanien, Kastanien und Pilze dazugeben und zugedeckt ca. 20 Minuten köcheln lassen, bis alles weich ist. Mit Petersilie garniert servieren.

Scharfes Chili-Hähnchen

Für 4 Personen

350 g Hühnerfleisch, gewürfelt

1 Ei, leicht geschlagen

10 ml/2 TL Sojasauce

2,5 ml/½ TL Speisestärke (Maisstärke)

Öl zum Frittieren

1 grüne Paprika, gewürfelt

4 Knoblauchzehen, zerdrückt

2 rote Chilischoten, zerkleinert

5 ml/1 TL frisch gemahlener Pfeffer

5 ml/1 TL Weinessig

5 ml/1 TL Wasser
2,5 ml/½ TL Zucker
2,5 ml/½ TL Chiliöl
2,5 ml/½ TL Sesamöl

Das Hähnchen mit dem Ei, der Hälfte der Sojasauce und der Speisestärke vermischen und 30 Minuten ruhen lassen. Das Öl erhitzen und das Hähnchen frittieren, bis es goldbraun ist, dann gut abtropfen lassen. Alles bis auf 15 ml/1 EL Öl aus der Pfanne abgießen, Pfeffer, Knoblauch und Chilischoten hinzufügen und 30 Sekunden braten. Pfeffer, Weinessig, Wasser und Zucker hinzufügen und 30 Sekunden braten. Geben Sie das Hähnchen zurück in die Pfanne und braten Sie es einige Minuten lang, bis es gar ist. Mit Chili- und Sesamöl bestreut servieren.

Gebratenes Hähnchen mit Chili

Für 4 Personen
225 g/8 oz Hähnchen, in Scheiben geschnitten
2,5 ml/½ TL Sojasauce

2,5 ml/½ TL Sesamöl

2,5 ml/½ TL Reiswein oder trockener Sherry

5 ml/1 TL Speisestärke (Maisstärke)

Salz

45 ml/3 EL Erdnussöl

100 g Spinat

4 Frühlingszwiebeln (Frühlingszwiebeln), gehackt

2,5 ml/½ TL Chilipulver

15 ml/1 EL Wasser

1 Tomate, in Scheiben geschnitten

Das Hähnchen mit Sojasauce, Sesamöl, Wein oder Sherry, der Hälfte der Maisstärke und einer Prise Salz vermischen. 30 Minuten stehen lassen. 15 ml/1 EL Öl erhitzen und das Hähnchen anbraten, bis es leicht gebräunt ist. Aus dem Wok nehmen. 15 ml/1 EL Öl erhitzen, den Spinat unter Rühren anbraten, bis er zusammenfällt, und dann aus dem Wok nehmen. Restliches Öl erhitzen und Frühlingszwiebeln, Chilipulver, Wasser und restliche Speisestärke 2 Minuten anbraten. Das Hähnchen dazugeben und kurz anbraten. Den Spinat auf einem vorgewärmten Teller anrichten, das Hähnchen darauflegen und mit Tomaten garniert servieren.

Hähnchen Chop Suey

Für 4 Personen

100 g chinesische Blätter, zerkleinert

100 g Bambussprossen, in Streifen geschnitten

60 ml/4 EL Erdnussöl

3 Frühlingszwiebeln (Frühlingszwiebeln), in Scheiben geschnitten

2 Knoblauchzehen, zerdrückt

1 Scheibe Ingwerwurzel, gehackt

225 g Hähnchenbrust, in Streifen geschnitten

45 ml/3 EL Sojasauce

15 ml/1 EL Reiswein oder trockener Sherry

5 ml/1 TL Salz

2,5 ml/½ TL Zucker

frisch gemahlener Pfeffer

15 ml/1 EL Speisestärke (Maisstärke)

Blanchieren Sie die chinesischen Blätter und Bambussprossen 2 Minuten lang in kochendem Wasser. Abtropfen lassen und trocken tupfen. 45 ml/3 EL Öl erhitzen und Zwiebeln, Knoblauch und Ingwer anbraten, bis sie leicht gebräunt sind. Das Hähnchen dazugeben und 4 Minuten braten. Aus der Pfanne nehmen. Das restliche Öl erhitzen und das Gemüse 3 Minuten lang anbraten. Hähnchen, Sojasauce, Wein oder Sherry, Salz, Zucker und eine Prise Pfeffer hinzufügen und 1 Minute lang anbraten. Die Speisestärke mit etwas Wasser vermischen, in die Soße einrühren und unter Rühren köcheln lassen, bis die Soße klar wird und eindickt.

Huhn Chow Mein

Für 4 Personen

30 ml/2 EL Erdnussöl

2 Knoblauchzehen, zerdrückt
450 g/1 Pfund Hähnchen, in Scheiben geschnitten
225 g Bambussprossen, in Scheiben geschnitten
100 g Sellerie, in Scheiben geschnitten
225 g/8 oz Pilze, in Scheiben geschnitten
450 ml/¾ pt/2 Tassen Hühnerbrühe
225 g Sojasprossen
4 Zwiebeln, in Spalten geschnitten
30 ml/2 EL Sojasauce
30 ml/2 EL Speisestärke (Maisstärke)
225 g/8 oz getrocknete chinesische Nudeln

Erhitzen Sie das Öl mit dem Knoblauch, bis es leicht goldbraun ist, geben Sie dann das Hähnchen hinzu und braten Sie es 2 Minuten lang an, bis es leicht gebräunt ist. Bambussprossen, Sellerie und Pilze dazugeben und 3 Minuten unter Rühren anbraten. Den größten Teil der Brühe hinzufügen, zum Kochen bringen und zugedeckt 8 Minuten köcheln lassen. Sojasprossen und Zwiebeln dazugeben und unter Rühren 2 Minuten köcheln lassen, bis nur noch wenig Brühe übrig ist. Restliche Brühe mit Sojasauce und Speisestärke vermischen. In die Pfanne geben und unter Rühren köcheln lassen, bis die Sauce klarer und dicker wird.

In der Zwischenzeit die Nudeln nach Packungsanweisung einige Minuten in kochendem Salzwasser kochen. Gut abtropfen lassen, dann mit der Hühnermischung vermengen und sofort servieren.

Knusprig gebratenes, gewürztes Hähnchen

Für 4 Personen

450 g Hühnerfleisch, in Stücke geschnitten

30 ml/2 EL Sojasauce

30 ml/2 EL Pflaumensauce

45 ml/3 EL Mango-Chutney

1 Knoblauchzehe, zerdrückt

2,5 ml/½ TL gemahlener Ingwer

ein paar Tropfen Brandy

30 ml/2 EL Speisestärke (Maisstärke)

2 Eier, geschlagen

100 g/4 oz/1 Tasse getrocknete Semmelbrösel

30 ml/2 EL Erdnussöl

6 Frühlingszwiebeln (Frühlingszwiebeln), gehackt

1 rote Paprika, gewürfelt

1 grüne Paprika, gewürfelt

30 ml/2 EL Sojasauce

30 ml/2 EL Honig

30 ml/2 EL Weinessig

Legen Sie das Huhn in eine Schüssel. Saucen, Chutney, Knoblauch, Ingwer und Brandy mischen, über das Hähnchen gießen, abdecken und 2 Stunden marinieren lassen. Lassen Sie das Hähnchen abtropfen und bestäuben Sie es dann mit Speisestärke. Mit Eiern bestreichen und dann mit Semmelbröseln bestreichen. Das Öl erhitzen und das Hähnchen darin goldbraun braten. Aus der Pfanne nehmen. Das Gemüse dazugeben und 4 Minuten lang anbraten, dann herausnehmen. Lassen Sie das Öl aus der Pfanne abtropfen und geben Sie dann das Hähnchen und das Gemüse mit den restlichen Zutaten wieder in die Pfanne. Vor dem Servieren zum Kochen bringen und erhitzen.

Gebratenes Hähnchen mit Gurke

Für 4 Personen

225 g Hühnerfleisch

1 Eiweiß

2,5 ml/½ TL Speisestärke (Maisstärke)

Salz

½ Gurke

30 ml/2 EL Erdnussöl

100 g/4 oz Champignons

50 g Bambussprossen, in Streifen geschnitten

50 g Schinken, gewürfelt

15 ml/1 EL Wasser

2,5 ml/½ TL Salz

2,5 ml/½ TL Reiswein oder trockener Sherry

2,5 ml/½ TL Sesamöl

Das Hähnchen aufschneiden und in Stücke schneiden. Mit Eiweiß, Speisestärke und Salz vermischen und stehen lassen. Gurke längs halbieren und schräg in dicke Scheiben schneiden. Das Öl erhitzen und das Hähnchen unter Rühren anbraten, bis es leicht gebräunt ist, dann aus der Pfanne nehmen. Gurke und Bambussprossen hinzufügen und 1 Minute lang anbraten. Geben Sie das Huhn mit Schinken, Wasser, Salz und Wein oder Sherry wieder in die Pfanne. Zum Kochen bringen und köcheln lassen, bis das Hähnchen weich ist. Mit Sesamöl bestreut servieren.

Chili-Hähnchen-Curry

Für 4 Personen

120 ml/4 fl oz/½ Tasse Erdnussöl

4 Hähnchenstücke

1 Zwiebel, gehackt

5 ml/1 TL Currypulver

5 ml/1 TL Chilisauce

15 ml/1 EL Reiswein oder trockener Sherry
2,5 ml/½ TL Salz
600 ml/1 pt/2½ Tassen Hühnerbrühe
15 ml/1 EL Speisestärke (Maisstärke)
45 ml/3 EL Wasser
5 ml/1 TL Sesamöl

Erhitzen Sie das Öl und braten Sie die Hähnchenteile auf beiden Seiten goldbraun an. Nehmen Sie sie dann aus der Pfanne. Zwiebel, Currypulver und Chilisauce hinzufügen und 1 Minute lang anbraten. Wein oder Sherry und Salz hinzufügen, gut umrühren, dann das Huhn wieder in die Pfanne geben und erneut umrühren. Die Brühe hinzufügen, zum Kochen bringen und etwa 30 Minuten leicht köcheln lassen, bis das Hähnchen weich ist. Sollte die Soße nicht ausreichend eingekocht sein, Speisestärke und Wasser zu einer Paste verrühren, etwas in die Soße rühren und unter Rühren köcheln lassen, bis die Soße eindickt. Mit Sesamöl bestreut servieren.

Chinesisches Hühnercurry

Für 4 Personen
45 ml/3 EL Currypulver
1 Zwiebel, in Scheiben geschnitten
350 g/12 oz Hähnchen, gewürfelt

150 ml/¼ pt/reichlich ½ Tasse Hühnerbrühe
5 ml/1 TL Salz
10 ml/2 TL Speisestärke (Maisstärke)
15 ml/1 EL Wasser

Erhitzen Sie das Currypulver und die Zwiebel 2 Minuten lang in einer trockenen Pfanne und schütteln Sie dabei die Pfanne, um die Zwiebel zu bedecken. Das Hähnchen dazugeben und umrühren, bis es gut mit Currypulver bedeckt ist. Brühe und Salz dazugeben, zum Kochen bringen, abdecken und etwa 5 Minuten köcheln lassen, bis das Hähnchen weich ist. Speisestärke und Wasser zu einer Paste verrühren, in die Pfanne rühren und unter Rühren köcheln lassen, bis die Soße eindickt.

Schnelles Curry-Hähnchen

Für 4 Personen
450 g Hähnchenbrust, gewürfelt
45 ml/3 EL Reiswein oder trockener Sherry

50 g/2 oz Maismehl (Maisstärke)

1 Eiweiß

Salz

150 ml/¼ pt/großzügige ½ Tasse Erdnussöl

15 ml/1 EL Currypulver

10 ml/2 TL brauner Zucker

150 ml/¼ pt/reichlich ½ Tasse Hühnerbrühe

Hähnchenwürfel und Sherry vermischen. 10 ml/2 TL Speisestärke aufbewahren. Schlagen Sie das Eiweiß mit der restlichen Maisstärke und einer Prise Salz auf und rühren Sie es dann unter das Huhn, bis es gut bedeckt ist. Erhitzen Sie das Öl und braten Sie das Hähnchen, bis es gar und goldbraun ist. Aus der Pfanne nehmen und alles bis auf 15 ml/1 EL Öl abtropfen lassen. Beiseite gestellte Maisstärke, Currypulver und Zucker einrühren und 1 Minute braten. Brühe einrühren, aufkochen und unter ständigem Rühren köcheln lassen, bis die Soße eindickt. Geben Sie das Hähnchen zurück in die Pfanne, rühren Sie es um und erhitzen Sie es vor dem Servieren erneut.

Curryhuhn mit Kartoffeln

Für 4 Personen

45 ml/3 EL Erdnussöl

2,5 ml/½ TL Salz

1 Knoblauchzehe, zerdrückt

750 g/1½ Pfund Hähnchen, gewürfelt

225 g Kartoffeln, gewürfelt

4 Zwiebeln, in Spalten geschnitten

15 ml/1 EL Currypulver

450 ml/¾ pt/2 Tassen Hühnerbrühe

225 g/8 oz Pilze, in Scheiben geschnitten

Das Öl mit Salz und Knoblauch erhitzen, das Hähnchen dazugeben und anbraten, bis es leicht gebräunt ist. Kartoffeln, Zwiebeln und Currypulver dazugeben und 2 Minuten unter Rühren anbraten. Die Brühe hinzufügen, zum Kochen bringen, abdecken und etwa 20 Minuten köcheln lassen, bis das Huhn gar ist, dabei gelegentlich umrühren. Die Pilze dazugeben, den Deckel abnehmen und weitere 10 Minuten köcheln lassen, bis die Flüssigkeit reduziert ist.

Frittierte Hähnchenschenkel

Für 4 Personen

2 große Hähnchenschenkel, ohne Knochen

2 Frühlingszwiebeln (Frühlingszwiebeln)
1 Scheibe Ingwer, flach geschlagen
120 ml/4 fl oz/½ Tasse Sojasauce
5 ml/1 TL Reiswein oder trockener Sherry
Öl zum Frittieren
5 ml/1 TL Sesamöl
frisch gemahlener Pfeffer

Das Hühnerfleisch ausbreiten und rundherum einschneiden. Eine Frühlingszwiebel flach schlagen und die andere hacken. Die gehackten Frühlingszwiebeln mit Ingwer, Sojasauce und Wein oder Sherry vermischen. Über das Hähnchen gießen und 30 Minuten marinieren lassen. Herausnehmen und abtropfen lassen. Auf einen Teller auf einem Dampfgargestell legen und 20 Minuten dämpfen.

Das Öl erhitzen und das Hähnchen darin etwa 5 Minuten frittieren, bis es goldbraun ist. Aus der Pfanne nehmen, gut abtropfen lassen und in dicke Scheiben schneiden, dann die Scheiben auf einem vorgewärmten Servierteller anrichten. Sesamöl erhitzen, gehackte Frühlingszwiebeln und Pfeffer dazugeben, über das Hähnchen gießen und servieren.

Frittiertes Hähnchen mit Currysauce

Für 4 Personen

1 Ei, leicht geschlagen

30 ml/2 EL Speisestärke (Maisstärke)

25 g/1 oz/¼ Tasse einfaches (Allzweck-)Mehl

2,5 ml/½ TL Salz

225 g/8 oz Hähnchen, gewürfelt

Öl zum Frittieren

30 ml/2 EL Erdnussöl

30 ml/2 EL Currypulver

60 ml/4 EL Reiswein oder trockener Sherry

Das Ei mit Speisestärke, Mehl und Salz zu einem dicken Teig verrühren. Über das Huhn gießen und gut umrühren, bis es bedeckt ist. Das Öl erhitzen und das Hähnchen frittieren, bis es goldbraun und durchgegart ist. In der Zwischenzeit das Öl erhitzen und das Currypulver 1 Minute anbraten. Den Wein oder Sherry einrühren und zum Kochen bringen. Legen Sie das Hähnchen auf einen vorgewärmten Teller und gießen Sie die Currysauce darüber.

Betrunkenes Huhn

Für 4 Personen

450 g Hähnchenfilet, in Stücke geschnitten

60 ml/4 EL Sojasauce

30 ml/2 EL Hoisinsauce

30 ml/2 EL Pflaumensauce

30 ml/2 EL Weinessig

2 Knoblauchzehen, zerdrückt

Prise Salz

ein paar Tropfen Chiliöl

2 Eiweiß

60 ml/4 EL Speisestärke (Maisstärke)

Öl zum Frittieren

200 ml/½ pt/1¼ Tassen Reiswein oder trockener Sherry

Legen Sie das Huhn in eine Schüssel. Saucen und Weinessig, Knoblauch, Salz und Chiliöl vermischen, über das Hähnchen gießen und 4 Stunden im Kühlschrank marinieren. Eiweiß steif schlagen und Speisestärke unterheben. Das Hähnchen aus der Marinade nehmen und mit der Eiweißmischung bestreichen. Das Öl erhitzen und das Hähnchen frittieren, bis es gar und goldbraun ist. Auf Küchenpapier gut abtropfen lassen und in eine Schüssel geben. Mit Wein oder Sherry übergießen, abdecken und 12 Stunden im Kühlschrank marinieren lassen. Das Hähnchen aus dem Wein nehmen und kalt servieren.

Herzhaftes Hähnchen mit Eiern

Für 4 Personen

30 ml/2 EL Erdnussöl

4 Hähnchenstücke

2 Frühlingszwiebeln (Frühlingszwiebeln), gehackt

1 Knoblauchzehe, zerdrückt

1 Scheibe Ingwerwurzel, gehackt

175 ml/6 fl oz/¾ Tasse Sojasauce

30 ml/2 EL Reiswein oder trockener Sherry

30 ml/2 EL brauner Zucker

5 ml/1 TL Salz

375 ml/13 fl oz/1½ Tassen Wasser

4 hartgekochte (hartgekochte) Eier

15 ml/1 EL Speisestärke (Maisstärke)

Das Öl erhitzen und die Hähnchenteile goldbraun braten. Frühlingszwiebeln, Knoblauch und Ingwer hinzufügen und 2 Minuten braten. Sojasauce, Wein oder Sherry, Zucker und Salz hinzufügen und gut verrühren. Das Wasser hinzufügen und zum Kochen bringen, abdecken und 20 Minuten köcheln lassen. Die hartgekochten Eier hinzufügen, abdecken und weitere 15 Minuten kochen lassen. Die Speisestärke mit etwas Wasser vermischen, in die Soße einrühren und unter Rühren köcheln lassen, bis die Soße klar wird und eindickt.

Hühnereierbrötchen

Für 4 Personen

4 getrocknete chinesische Pilze

100 g Hähnchen, in Streifen geschnitten

5 ml/1 TL Speisestärke (Maisstärke)

15 ml/1 EL Sojasauce

2,5 ml/½ TL Salz

2,5 ml/½ TL Zucker

60 ml/4 EL Erdnussöl

225 g Sojasprossen

3 Frühlingszwiebeln (Frühlingszwiebeln), gehackt

100 g Spinat

12 Eierbrötchenschalen

1 Ei, geschlagen

Öl zum Frittieren

Die Pilze 30 Minuten in warmem Wasser einweichen und dann abtropfen lassen. Die Stiele entfernen und die Kappen hacken. Legen Sie das Huhn in eine Schüssel. Die Speisestärke mit 5 ml/1 TL Sojasauce, Salz und Zucker vermischen und unter das Hähnchen rühren. 15 Minuten stehen lassen. Die Hälfte des Öls erhitzen und das Hähnchen unter Rühren anbraten, bis es leicht gebräunt ist. Die Sojasprossen 3 Minuten in kochendem Wasser blanchieren und dann abtropfen lassen. Das restliche Öl erhitzen und die Frühlingszwiebeln darin anbraten, bis sie leicht gebräunt sind. Pilze, Sojasprossen, Spinat und restliche Sojasauce unterrühren. Das Hähnchen dazugeben und 2 Minuten unter Rühren braten. Abkühlen lassen. Etwas Füllung auf die Mitte jeder Haut geben und die Ränder mit geschlagenem Ei bestreichen. Falten Sie die Seiten ein, rollen Sie dann die Frühlingsrollen auf und verschließen Sie die Ränder mit Ei. Das Öl erhitzen und die Eierbrötchen frittieren, bis sie knusprig und goldbraun sind.

Geschmortes Hähnchen mit Eiern

Für 4 Personen

30 ml/2 EL Erdnussöl

4 Hähnchenbrustfilets, in Streifen geschnitten

1 rote Paprika, in Streifen geschnitten

1 grüne Paprika, in Streifen geschnitten

45 ml/3 EL Sojasauce

45 ml/3 EL Reiswein oder trockener Sherry

250 ml/8 fl oz/1 Tasse Hühnerbrühe

100 g Eisbergsalat, zerkleinert

5 ml/1 TL brauner Zucker

30 ml/2 EL Hoisinsauce

Salz und Pfeffer

15 ml/1 EL Speisestärke (Maisstärke)

30 ml/2 EL Wasser

4 Eier

30 ml/2 EL Sherry

Das Öl erhitzen und das Hähnchen und die Paprika darin goldbraun braten. Sojasauce, Wein oder Sherry und Brühe hinzufügen, aufkochen, abdecken und 30 Minuten köcheln lassen. Salat, Zucker und Hoisinsauce hinzufügen und mit Salz und Pfeffer würzen. Speisestärke und Wasser vermischen, in die Soße einrühren und unter Rühren aufkochen. Die Eier mit dem Sherry verquirlen und zu dünnen Omeletts braten. Mit Salz und Pfeffer bestreuen und in Streifen reißen. In einer vorgewärmten Servierschüssel anrichten und über das Hähnchen löffeln.

Fernöstliches Huhn

Für 4 Personen

60 ml/4 EL Erdnussöl

450 g Hühnerfleisch, in Stücke geschnitten

2 Knoblauchzehen, zerdrückt

2,5 ml/½ TL Salz

2 Zwiebeln, gehackt

2 Stück Ingwer, gehackt

45 ml/3 EL Sojasauce

30 ml/2 EL Hoisinsauce

45 ml/3 EL Reiswein oder trockener Sherry

300 ml/½ pt/1¼ Tassen Hühnerbrühe

5 ml/1 TL frisch gemahlener Pfeffer

6 hartgekochte (hartgekochte) Eier, gehackt

15 ml/1 EL Speisestärke (Maisstärke)

15 ml/1 EL Wasser

Das Öl erhitzen und das Hähnchen darin goldbraun braten. Knoblauch, Salz, Zwiebeln und Ingwer hinzufügen und 2 Minuten braten. Sojasauce, Hoisinsauce, Wein oder Sherry, Brühe und Pfeffer hinzufügen. Aufkochen, abdecken und 30 Minuten köcheln lassen. Fügen Sie die Eier hinzu. Speisestärke und Wasser vermischen und unter die Soße rühren. Zum Kochen bringen und unter Rühren köcheln lassen, bis die Soße eindickt.

Chicken Foo Yung

Für 4 Personen

6 Eier, geschlagen
45 ml/3 EL Speisestärke (Maisstärke)
100 g Champignons, grob gehackt
225 g Hähnchenbrust, gewürfelt
1 Zwiebel, fein gehackt
5 ml/1 TL Salz
45 ml/3 EL Erdnussöl

Die Eier verquirlen und dann die Maisstärke unterrühren. Alle restlichen Zutaten außer dem Öl unterrühren. Erhitze das Öl. Gießen Sie die Mischung nach und nach in die Pfanne, sodass kleine Pfannkuchen mit einem Durchmesser von etwa 7,5 cm entstehen. Backen, bis die Unterseite goldbraun ist, dann wenden und von der anderen Seite backen.

Schinken und Hühnchen Foo Yung

Für 4 Personen

6 Eier, geschlagen

45 ml/3 EL Speisestärke (Maisstärke)

100 g Schinken, gewürfelt

225 g Hähnchenbrust, gewürfelt

3 Frühlingszwiebeln (Frühlingszwiebeln), fein gehackt

5 ml/1 TL Salz

45 ml/3 EL Erdnussöl

Die Eier verquirlen und dann die Maisstärke unterrühren. Alle restlichen Zutaten außer dem Öl unterrühren. Erhitze das Öl. Gießen Sie die Mischung nach und nach in die Pfanne, sodass kleine Pfannkuchen mit einem Durchmesser von etwa 7,5 cm entstehen. Backen, bis die Unterseite goldbraun ist, dann wenden und von der anderen Seite backen.

Frittiertes Hähnchen mit Ingwer

Für 4 Personen

1 Huhn, halbiert

4 Scheiben Ingwerwurzel, zerkleinert

30 ml/2 EL Reiswein oder trockener Sherry

30 ml/2 EL Sojasauce

5 ml/1 TL Zucker

Öl zum Frittieren

Legen Sie das Huhn in eine flache Schüssel. Ingwer, Wein oder Sherry, Sojasauce und Zucker vermischen, über das Hähnchen gießen und in die Haut einreiben. 1 Stunde marinieren lassen.

Das Öl erhitzen und die Hähnchenhälften darin frittieren, bis sie eine leichte Farbe haben. Aus dem Öl nehmen und etwas abkühlen lassen, während das Öl erneut erhitzt wird. Das Hähnchen zurück in die Pfanne geben und frittieren, bis es goldbraun und durchgegart ist. Vor dem Servieren gut abtropfen lassen.

Ingwerhuhn

Für 4 Personen

225 g/8 oz Hähnchen, in dünne Scheiben geschnitten

1 Eiweiß

Prise Salz

2,5 ml/½ TL Speisestärke (Maisstärke)

15 ml/1 EL Erdnussöl

10 Scheiben Ingwerwurzel

6 Champignons, halbiert

1 Karotte, in Scheiben geschnitten

2 Frühlingszwiebeln (Frühlingszwiebeln), in Scheiben geschnitten

5 ml/1 TL Reiswein oder trockener Sherry

5 ml/1 TL Wasser

2,5 ml/½ TL Sesamöl

Das Hähnchen mit Eiweiß, Salz und Speisestärke vermischen. Die Hälfte des Öls erhitzen und das Hähnchen anbraten, bis es leicht gebräunt ist, dann aus der Pfanne nehmen. Restliches Öl erhitzen und Ingwer, Pilze, Karotte und Frühlingszwiebeln 3 Minuten anbraten. Geben Sie das Huhn mit Wein oder Sherry und Wasser wieder in die Pfanne und lassen Sie es köcheln, bis es zart ist. Mit Sesamöl bestreut servieren.

Ingwerhähnchen mit Pilzen und Kastanien

Für 4 Personen

60 ml/4 EL Erdnussöl

225 g Zwiebeln, in Scheiben geschnitten

450 g Hühnerfleisch, gewürfelt

100 g Champignons, in Scheiben geschnitten

30 ml/2 EL einfaches (Allzweck-)Mehl

60 ml/4 EL Sojasauce

10 ml/2 TL Zucker

Salz und frisch gemahlener Pfeffer

900 ml/1½ pt/3¾ Tassen heißes Wasser
2 Scheiben Ingwerwurzel, gehackt
450 g Wasserkastanien

Erhitzen Sie das halbe Öl, braten Sie die Zwiebeln 3 Minuten lang an und nehmen Sie sie dann aus der Pfanne. Das restliche Öl erhitzen und das Hähnchen darin anbraten, bis es leicht gebräunt ist.

Die Pilze hinzufügen und 2 Minuten kochen lassen. Die Mischung mit Mehl bestäuben und dann Sojasauce, Zucker, Salz und Pfeffer hinzufügen. Wasser und Ingwer, Zwiebeln und Kastanien dazugeben. Aufkochen, abdecken und 20 Minuten leicht köcheln lassen. Den Deckel abnehmen und weiter leicht köcheln lassen, bis die Soße eingekocht ist.

Goldenes Huhn

Für 4 Personen

8 kleine Hähnchenstücke
300 ml/½ pt/1¼ Tassen Hühnerbrühe
45 ml/3 EL Sojasauce
15 ml/1 EL Reiswein oder trockener Sherry
5 ml/1 TL Zucker
1 geschnittene Ingwerwurzel, gehackt

Alle Zutaten in einen großen Topf geben, zum Kochen bringen, abdecken und etwa 30 Minuten köcheln lassen, bis das Hähnchen durchgegart ist. Den Deckel abnehmen und weiter köcheln lassen, bis die Soße eingekocht ist.

Marinierter goldener Hühnereintopf

Für 4 Personen

4 Hähnchenstücke

300 ml/½ pt/1¼ Tassen Sojasauce

Öl zum Frittieren

4 Frühlingszwiebeln (Frühlingszwiebeln), in dicke Scheiben geschnitten

1 Scheibe Ingwerwurzel, gehackt

2 rote Chilischoten, in Scheiben geschnitten

3 Nelken Sternanis

50 g Bambussprossen, in Scheiben geschnitten
150 ml/1½ pt/großzügige ½ Tasse Hühnerbrühe
30 ml/2 EL Speisestärke (Maisstärke)
60 ml/4 EL Wasser
5 ml/1 TL Sesamöl

Das Hähnchen in große Stücke schneiden und 10 Minuten in der Sojasauce marinieren. Herausnehmen und abtropfen lassen, dabei die Sojasauce auffangen. Das Öl erhitzen und das Hähnchen etwa 2 Minuten frittieren, bis es leicht gebräunt ist. Herausnehmen und abtropfen lassen. Gießen Sie alles bis auf 30 ml/2 EL Öl ab, fügen Sie dann Frühlingszwiebeln, Ingwer, Chilischoten und Sternanis hinzu und braten Sie es 1 Minute lang. Geben Sie das Huhn mit den Bambussprossen und der beiseite gestellten Sojasauce wieder in die Pfanne und fügen Sie gerade so viel Brühe hinzu, dass das Huhn bedeckt ist. Zum Kochen bringen und etwa 10 Minuten köcheln lassen, bis das Hähnchen weich ist. Das Hähnchen mit einem Schaumlöffel aus der Soße nehmen und auf einer vorgewärmten Servierplatte anrichten. Die Sauce abseihen und dann wieder in die Pfanne geben. Speisestärke und Wasser zu einer Paste verrühren, in die Soße einrühren und unter Rühren köcheln lassen, bis die Soße eindickt.

Goldene Münzen

Für 4 Personen

4 Hähnchenbrustfilets

30 ml/2 EL Honig

30 ml/2 EL Weinessig

30 ml/2 EL Tomatenketchup (Ketchup)

30 ml/2 EL Sojasauce

Prise Salz

2 Knoblauchzehen, zerdrückt
5 ml/1 TL Fünf-Gewürze-Pulver
45 ml/3 EL einfaches (Allzweck-)Mehl
2 Eier, geschlagen
5 ml/1 TL geriebene Ingwerwurzel
5 ml/1 TL abgeriebene Zitronenschale
100 g/4 oz/1 Tasse getrocknete Semmelbrösel
Öl zum Frittieren

Das Hähnchen in eine Schüssel geben. Honig, Weinessig, Tomatenketchup, Sojasauce, Salz, Knoblauch und Fünf-Gewürze-Pulver vermischen. Über das Hähnchen gießen, gut umrühren, abdecken und 12 Stunden im Kühlschrank marinieren.

Das Hähnchen aus der Marinade nehmen und in fingerdicke Streifen schneiden. Mit Mehl bestäuben. Eier, Ingwer und Zitronenschale verquirlen. Panieren Sie das Huhn in der Mischung und dann in den Semmelbröseln, bis es gleichmäßig bedeckt ist. Das Öl erhitzen und das Hähnchen frittieren, bis es goldbraun ist.

Gedämpftes Hähnchen mit Schinken

Für 4 Personen

4 Hähnchenportionen
100 g geräucherter Schinken, gehackt
3 Frühlingszwiebeln (Frühlingszwiebeln), gehackt
15 ml/1 EL Erdnussöl
Salz und frisch gemahlener Pfeffer
15 ml/1 EL glatte Petersilie

Die Hähnchenteile in 5 cm große Stücke schneiden und zusammen mit dem Schinken und den Frühlingszwiebeln in eine ofenfeste Schüssel geben. Mit Öl beträufeln und mit Salz und Pfeffer würzen, dann die Zutaten vorsichtig vermengen. Stellen Sie die Schüssel auf einen Rost in einen Dampfgarer, decken Sie sie ab und dämpfen Sie sie etwa 40 Minuten lang über kochendem Wasser, bis das Hähnchen zart ist. Mit Petersilie garniert servieren.

Hähnchen mit Hoisinsauce

Für 4 Personen

4 Hähnchenportionen, halbiert
50 g/2 oz/½ Tasse Maismehl (Maisstärke)
Öl zum Frittieren

10 ml/2 TL geriebene Ingwerwurzel

2 Zwiebeln, gehackt

225 g Brokkoliröschen

1 rote Paprika, gehackt

225 g/8 oz Champignons

250 ml/8 fl oz/1 Tasse Hühnerbrühe

45 ml/3 EL Reiswein oder trockener Sherry

45 ml/3 EL Apfelessig

45 ml/3 EL Hoisinsauce

20 ml/4 TL Sojasauce

Die Hähnchenteile mit der Hälfte der Speisestärke bestreichen. Erhitzen Sie das Öl und braten Sie die Hähnchenstücke nacheinander etwa 8 Minuten lang an, bis sie goldbraun und durchgegart sind. Aus der Pfanne nehmen und auf Küchenpapier abtropfen lassen. Nehmen Sie alles bis auf 30 ml/2 EL Öl aus der Pfanne und braten Sie den Ingwer 1 Minute lang an. Die Zwiebeln dazugeben und 1 Minute lang anbraten. Brokkoli, Paprika und Pilze dazugeben und 2 Minuten unter Rühren anbraten. Die Brühe mit der beiseite gestellten Maisstärke und den restlichen Zutaten vermischen und in die Pfanne geben. Unter Rühren zum Kochen bringen und kochen, bis die Soße klar wird. Geben Sie das Hähnchen zurück in den Wok und kochen

Sie es unter Rühren etwa 3 Minuten lang, bis es durchgewärmt ist.

Honighuhn

Für 4 Personen

30 ml/2 EL Erdnussöl
4 Hähnchenstücke
30 ml/2 EL Sojasauce
120 ml/4 fl oz/½ Tasse Reiswein oder trockener Sherry
30 ml/2 EL Honig
5 ml/1 TL Salz
1 Frühlingszwiebel (Frühlingszwiebel), gehackt
1 Scheibe Ingwerwurzel, fein gehackt

Das Öl erhitzen und das Hähnchen anbraten, bis es von allen Seiten braun ist. Überschüssiges Öl abgießen. Die restlichen Zutaten vermischen und in die Pfanne geben. Zum Kochen bringen, abdecken und etwa 40 Minuten köcheln lassen, bis das Hähnchen gar ist.

Kung Pao Hühnerfleisch

Für 4 Personen

450 g/1 Pfund Hähnchen, gewürfelt

1 Eiweiß

5 ml/1 TL Salz

30 ml/2 EL Speisestärke (Maisstärke)

60 ml/4 EL Erdnussöl

25 g getrocknete rote Chilischoten, geputzt

5 ml/1 TL gehackter Knoblauch

15 ml/1 EL Sojasauce

15 ml/1 EL Reiswein oder trockener Sherry 5 ml/1 TL Zucker

5 ml/1 TL Weinessig

5 ml/1 TL Sesamöl

30 ml/2 EL Wasser

Das Hähnchen mit Eiweiß, Salz und der Hälfte der Speisestärke in eine Schüssel geben und 30 Minuten marinieren lassen. Erhitzen Sie das Öl und braten Sie das Hähnchen an, bis es leicht gebräunt ist. Nehmen Sie es dann aus der Pfanne. Das Öl erneut erhitzen und die Chilischoten und den Knoblauch 2 Minuten anbraten. Geben Sie das Hähnchen mit Sojasauce, Wein oder Sherry, Zucker, Weinessig und Sesamöl wieder in die Pfanne und braten Sie es 2 Minuten lang an. Die restliche Speisestärke mit dem Wasser vermischen, in die Pfanne rühren und unter Rühren köcheln lassen, bis die Soße klar wird und eindickt.

Huhn mit Lauch

Für 4 Personen

30 ml/2 EL Erdnussöl

5 ml/1 TL Salz

225 g Lauch, in Scheiben geschnitten

1 Scheibe Ingwerwurzel, gehackt

225 g/8 oz Hähnchen, in dünne Scheiben geschnitten

15 ml/1 EL Reiswein oder trockener Sherry

15 ml/1 EL Sojasauce

Die Hälfte des Öls erhitzen, Salz und Lauch anbraten, bis sie leicht gebräunt sind, dann aus der Pfanne nehmen. Das restliche Öl erhitzen und den Ingwer und das Hähnchen darin anbraten, bis sie leicht gebräunt sind. Wein oder Sherry und Sojasauce hinzufügen und weitere 2 Minuten braten, bis das Huhn gar ist. Den Lauch wieder in die Pfanne geben und verrühren, bis er durchgewärmt ist. Sofort servieren.

Zitronenhähnchen

Für 4 Personen

4 Hähnchenbrustfilets ohne Knochen
2 Eier
50 g/2 oz/½ Tasse Maismehl (Maisstärke)
50 g/2 oz/½ Tasse einfaches (Allzweck-)Mehl
150 ml/¼ pt/großzügige ½ Tasse Wasser
Erdnussöl zum Frittieren
250 ml/8 fl oz/1 Tasse Hühnerbrühe
60 ml/5 EL Zitronensaft
30 ml/2 EL Reiswein oder trockener Sherry
30 ml/2 EL Speisestärke (Maisstärke)
30 ml/2 EL Tomatenmark (Paste)
1 Kopfsalat

Jede Hähnchenbrust in 4 Stücke schneiden. Eier, Speisestärke und Mehl verquirlen und gerade so viel Wasser hinzufügen, dass ein dicker Teig entsteht. Legen Sie die Hähnchenteile in den Teig und rühren Sie, bis sie vollständig bedeckt sind. Das Öl erhitzen und das Hähnchen frittieren, bis es goldbraun und durchgegart ist.

In der Zwischenzeit Brühe, Zitronensaft, Wein oder Sherry, Speisestärke und Tomatenpüree vermischen und unter Rühren leicht erhitzen, bis die Mischung zum Kochen kommt. Unter ständigem Rühren leicht köcheln lassen, bis die Sauce eindickt und klar wird. Das Hähnchen auf einem vorgewärmten Teller auf einem Bett aus Salatblättern anrichten und entweder mit der Soße übergießen oder separat servieren.

Zitronen-Hähnchen-Pfanne

Für 4 Personen

450 g Hähnchen ohne Knochen, in Scheiben geschnitten

30 ml/2 EL Zitronensaft

15 ml/1 EL Sojasauce

15 ml/1 EL Reiswein oder trockener Sherry

30 ml/2 EL Speisestärke (Maisstärke)

30 ml/2 EL Erdnussöl

2,5 ml/½ TL Salz

2 Knoblauchzehen, zerdrückt

50 g Wasserkastanien, in Streifen geschnitten

50 g Bambussprossen, in Streifen geschnitten

ein paar chinesische Blätter, in Streifen geschnitten

60 ml/4 EL Hühnerbrühe

15 ml/1 EL Tomatenmark (Paste)

15 ml/1 EL Zucker

15 ml/1 EL Zitronensaft

Legen Sie das Huhn in eine Schüssel. Zitronensaft, Sojasauce, Wein oder Sherry und 15 ml/1 EL Speisestärke verrühren, über das Hähnchen gießen und 1 Stunde marinieren lassen, dabei gelegentlich wenden.

Öl, Salz und Knoblauch erhitzen, bis der Knoblauch leicht gebräunt ist, dann das Hähnchen und die Marinade hinzufügen und etwa 5 Minuten unter Rühren braten, bis das Hähnchen leicht gebräunt ist. Wasserkastanien, Bambussprossen und Chinablätter dazugeben und weitere 3 Minuten braten, bis das Hähnchen gar ist. Die restlichen Zutaten hinzufügen und etwa 3 Minuten lang rühren, bis die Sauce klar und dicker wird.

Hühnerleber mit Bambussprossen

Für 4 Personen

225 g Hühnerleber, in dicke Scheiben geschnitten
45 ml/3 EL Reiswein oder trockener Sherry
45 ml/3 EL Erdnussöl
15 ml/1 EL Sojasauce
100 g Bambussprossen, in Scheiben geschnitten
100 g Wasserkastanien, in Scheiben geschnitten
60 ml/4 EL Hühnerbrühe
Salz und frisch gemahlener Pfeffer

Die Hühnerleber mit dem Wein oder Sherry vermischen und 30 Minuten ziehen lassen. Das Öl erhitzen und die Hühnerleber darin anbraten, bis sie leicht gebräunt sind. Marinade, Sojasauce, Bambussprossen, Wasserkastanien und Brühe hinzufügen.

Aufkochen und mit Salz und Pfeffer würzen. Abdecken und etwa 10 Minuten köcheln lassen, bis es weich ist.

Frittierte Hühnerleber

Für 4 Personen

450 g Hühnerleber, halbiert
50 g/2 oz/½ Tasse Maismehl (Maisstärke)
Öl zum Frittieren

Die Hühnerleber trocken tupfen, dann mit Speisestärke bestäuben und überschüssiges Mehl abschütteln. Das Öl erhitzen und die Hühnerleber einige Minuten frittieren, bis sie goldbraun und gar sind. Vor dem Servieren auf Küchenpapier abtropfen lassen.

Hühnerleber mit Zuckererbsen

Für 4 Personen

225 g Hühnerleber, in dicke Scheiben geschnitten

10 ml/2 TL Speisestärke (Maisstärke)

10 ml/2 TL Reiswein oder trockener Sherry

15 ml/1 EL Sojasauce

45 ml/3 EL Erdnussöl

2,5 ml/½ TL Salz

2 Scheiben Ingwerwurzel, gehackt

100 g Zuckererbsen (Zuckerschoten)

10 ml/2 TL Speisestärke (Maisstärke)

60 ml/4 EL Wasser

Die Hühnerleber in eine Schüssel geben. Maisstärke, Wein oder Sherry und Sojasauce hinzufügen und gut umrühren. Die Hälfte des Öls erhitzen und Salz und Ingwer anbraten, bis sie leicht gebräunt sind. Die Zuckererbsen dazugeben und unter Rühren anbraten, bis sie gut mit Öl bedeckt sind, dann aus der Pfanne nehmen. Das restliche Öl erhitzen und die Hühnerleber 5 Minuten braten, bis sie gar sind. Speisestärke und Wasser zu einer Paste vermischen, in die Pfanne rühren und unter Rühren köcheln lassen, bis die Soße klar wird und eindickt. Die

Zuckerschoten wieder in die Pfanne geben und köcheln lassen, bis sie durchgewärmt sind.

Hühnerleber mit Nudelpfannkuchen

Für 4 Personen

30 ml/2 EL Erdnussöl

1 Zwiebel, in Scheiben geschnitten

450 g Hühnerleber, halbiert

2 Stangen Sellerie, in Scheiben geschnitten

120 ml/4 fl oz/½ Tasse Hühnerbrühe

15 ml/1 EL Speisestärke (Maisstärke)

15 ml/1 EL Sojasauce

30 ml/2 EL Wasser

Nudelpfannkuchen

Das Öl erhitzen und die Zwiebel anbraten, bis sie weich ist. Die Hühnerleber dazugeben und unter Rühren anbraten, bis sie Farbe bekommt. Den Sellerie hinzufügen und 1 Minute lang anbraten. Brühe hinzufügen, aufkochen, abdecken und 5 Minuten köcheln lassen. Speisestärke, Sojasauce und Wasser zu einer Paste vermischen, in die Pfanne rühren und unter Rühren köcheln lassen, bis die Sauce klar wird und eindickt. Die Mischung über den Nudelpfannkuchen gießen und servieren.

Hühnerleber mit Austernsauce

Für 4 Personen

45 ml/3 EL Erdnussöl

1 Zwiebel, gehackt

225 g Hühnerleber, halbiert

100 g Champignons, in Scheiben geschnitten

30 ml/2 EL Austernsauce

15 ml/1 EL Sojasauce

15 ml/1 EL Reiswein oder trockener Sherry

120 ml/4 fl oz/½ Tasse Hühnerbrühe

5 ml/1 TL Zucker

15 ml/1 EL Speisestärke (Maisstärke)

45 ml/3 EL Wasser

Die Hälfte des Öls erhitzen und die Zwiebel anbraten, bis sie weich ist. Die Hühnerleber hinzufügen und braten, bis sie gerade Farbe bekommen. Die Pilze dazugeben und 2 Minuten braten. Austernsauce, Sojasauce, Wein oder Sherry, Brühe und Zucker vermischen, in die Pfanne gießen und unter Rühren aufkochen.

Maisstärke und Wasser zu einer Paste verrühren, in die Pfanne geben und unter Rühren köcheln lassen, bis die Soße klar wird und eindickt und die Lebern zart sind.

Hühnerleber mit Ananas

Für 4 Personen

225 g Hühnerleber, halbiert

45 ml/3 EL Erdnussöl

30 ml/2 EL Sojasauce

15 ml/1 EL Speisestärke (Maisstärke)

15 ml/1 EL Zucker

15 ml/1 EL Weinessig

Salz und frisch gemahlener Pfeffer

100 g/4 oz Ananasstücke

60 ml/4 EL Hühnerbrühe

Die Hühnerleber 30 Sekunden in kochendem Wasser blanchieren und dann abtropfen lassen. Das Öl erhitzen und die Hühnerleber 30 Sekunden lang anbraten. Sojasauce, Speisestärke, Zucker, Weinessig, Salz und Pfeffer vermischen, in die Pfanne gießen und gut umrühren, bis die Hühnerleber bedeckt ist. Die Ananasstücke und die Brühe dazugeben und etwa 3 Minuten unter Rühren braten, bis die Lebern gar sind.

Süß-saure Hühnerleber

Für 4 Personen

30 ml/2 EL Erdnussöl

450 g Hühnerleber, geviertelt

2 grüne Paprika, in Stücke geschnitten

4 Scheiben Ananas aus der Dose, in Stücke geschnitten

60 ml/4 EL Hühnerbrühe

30 ml/2 EL Speisestärke (Maisstärke)

10 ml/2 TL Sojasauce

100 g/4 oz/½ Tasse Zucker

120 ml/4 fl oz/½ Tasse Weinessig

120 ml/4 fl oz/½ Tasse Wasser

Erhitzen Sie das Öl und braten Sie die Lebern an, bis sie leicht gebräunt sind. Geben Sie sie dann in eine vorgewärmte Schüssel. Die Paprika in die Pfanne geben und 3 Minuten braten. Ananas und Brühe hinzufügen, aufkochen und zugedeckt 15 Minuten köcheln lassen. Die restlichen Zutaten zu einer Paste verrühren, in die Pfanne rühren und unter Rühren köcheln lassen, bis die Soße eindickt. Über die Hühnerleber gießen und servieren.

Huhn mit Litschis

Für 4 Personen

3 Hähnchenbrüste

60 ml/4 EL Speisestärke (Maisstärke)

45 ml/3 EL Erdnussöl

5 Frühlingszwiebeln (Frühlingszwiebeln), in Scheiben geschnitten

1 rote Paprika, in Stücke geschnitten

120 ml/4 fl oz/½ Tasse Tomatensauce

120 ml/4 fl oz/½ Tasse Hühnerbrühe

5 ml/1 TL Zucker

275 g/10 oz geschälte Litschis

Die Hähnchenbrüste halbieren, Knochen und Haut entfernen und entsorgen. Schneiden Sie jede Brust in sechs Teile. Behalten Sie 5 ml/1 TL Speisestärke bei und schwenken Sie das Hähnchen darin, bis es gut bedeckt ist. Das Öl erhitzen und das Hähnchen unter Rühren etwa 8 Minuten goldbraun braten.

Frühlingszwiebeln und Pfeffer hinzufügen und 1 Minute lang anbraten. Tomatensauce, die Hälfte der Brühe und den Zucker vermischen und mit den Litschis in den Wok rühren. Zum Kochen bringen, abdecken und etwa 10 Minuten köcheln lassen, bis das Hähnchen gar ist. Mischen Sie die zurückbehaltene Maisstärke und die Brühe und rühren Sie sie dann in die Pfanne. Unter Rühren köcheln lassen, bis die Soße klar wird und eindickt.

Hühnchen mit Litschisauce

Für 4 Personen

225 g/8 oz Huhn

1 Frühlingszwiebel (Frühlingszwiebel)

4 Wasserkastanien

30 ml/2 EL Speisestärke (Maisstärke)

45 ml/3 EL Sojasauce

30 ml/2 EL Reiswein oder trockener Sherry

2 Eiweiß

Öl zum Frittieren

400 g Litschis aus der Dose in Sirup

5 EL Hühnerbrühe

Das Huhn mit den Frühlingszwiebeln und den Wasserkastanien zerkleinern (mahlen). Die Hälfte der Maisstärke, 30 ml/2 EL

Sojasauce, den Wein oder Sherry und das Eiweiß untermischen. Aus der Masse walnussgroße Kugeln formen. Das Öl erhitzen und das Hähnchen frittieren, bis es goldbraun ist. Auf Küchenpapier abtropfen lassen.

In der Zwischenzeit den Litschisirup mit der Brühe und der beiseite gestellten Sojasauce vorsichtig erhitzen. Die restliche Speisestärke mit etwas Wasser vermischen, in die Pfanne rühren und unter Rühren köcheln lassen, bis die Soße klar wird und eindickt. Die Litschis einrühren und leicht köcheln lassen, bis sie erhitzt sind. Das Hähnchen auf einem vorgewärmten Teller anrichten, die Litschis und die Soße darübergießen und sofort servieren.

Hähnchen mit Zuckerschoten

Für 4 Personen
225 g/8 oz Hähnchen, in dünne Scheiben geschnitten
5 ml/1 TL Speisestärke (Maisstärke)
5 ml/1 TL Reiswein oder trockener Sherry
5 ml/1 TL Sesamöl
1 Eiweiß, leicht geschlagen
45 ml/3 EL Erdnussöl
1 Knoblauchzehe, zerdrückt
1 Scheibe Ingwerwurzel, gehackt

100 g Zuckererbsen (Zuckerschoten)
120 ml/4 fl oz/½ Tasse Hühnerbrühe
Salz und frisch gemahlener Pfeffer

Das Hähnchen mit Maisstärke, Wein oder Sherry, Sesamöl und Eiweiß vermischen. Die Hälfte des Öls erhitzen und Knoblauch und Ingwer anbraten, bis sie leicht gebräunt sind. Das Hähnchen dazugeben und goldbraun braten, dann aus der Pfanne nehmen. Das restliche Öl erhitzen und die Zuckererbsen 2 Minuten braten. Brühe hinzufügen, aufkochen, abdecken und 2 Minuten köcheln lassen. Das Hähnchen zurück in die Pfanne geben und mit Salz und Pfeffer würzen. Leicht köcheln lassen, bis es durchgeheizt ist.

Huhn mit Mangos

Für 4 Personen

100 g/4 oz/1 Tasse einfaches (Allzweck-)Mehl
250 ml/8 fl oz/1 Tasse Wasser
2,5 ml/½ TL Salz
Prise Backpulver
3 Hähnchenbrüste
Öl zum Frittieren
1 Scheibe Ingwerwurzel, gehackt
150 ml/¼ pt/reichlich ½ Tasse Hühnerbrühe

45 ml/3 EL Weinessig

45 ml/3 EL Reiswein oder trockener Sherry

20 ml/4 TL Sojasauce

10 ml/2 TL Zucker

10 ml/2 TL Speisestärke (Maisstärke)

5 ml/1 TL Sesamöl

5 Frühlingszwiebeln (Frühlingszwiebeln), in Scheiben geschnitten

400 g Mangos aus der Dose, abgetropft und in Streifen geschnitten

Mehl, Wasser, Salz und Backpulver verrühren. 15 Minuten stehen lassen. Entfernen Sie die Haut und die Knochen vom Huhn und entsorgen Sie sie. Das Hähnchen in dünne Streifen schneiden. Mischen Sie diese unter die Mehlmischung. Das Öl erhitzen und das Hähnchen darin etwa 5 Minuten goldbraun braten. Aus der Pfanne nehmen und auf Küchenpapier abtropfen lassen. Nehmen Sie alles bis auf 15 ml/1 EL Öl aus dem Wok und braten Sie den Ingwer unter Rühren an, bis er leicht gebräunt ist. Mischen Sie die Brühe mit Weinessig, Wein oder Sherry, Sojasauce, Zucker, Maisstärke und Sesamöl. In die Pfanne geben und unter Rühren zum Kochen bringen. Die Frühlingszwiebeln hinzufügen und 3 Minuten köcheln lassen. Hähnchen und Mangos dazugeben und unter Rühren 2 Minuten köcheln lassen.

Mit Hühnchen gefüllte Melone

Für 4 Personen

350 g/12 oz Hühnerfleisch

6 Wasserkastanien

2 geschälte Jakobsmuscheln

4 Scheiben Ingwerwurzel

5 ml/1 TL Salz

15 ml/1 EL Sojasauce

600 ml/1 pt/2½ Tassen Hühnerbrühe

8 kleine oder 4 mittelgroße Cantaloupe-Melonen

Hähnchen, Kastanien, Jakobsmuscheln und Ingwer fein hacken und mit Salz, Sojasauce und Brühe vermischen. Schneiden Sie die Oberteile der Melonen ab und löffeln Sie die Kerne heraus. Die Oberkanten einschneiden. Füllen Sie die Melonen mit der Hühnermischung und stellen Sie sie auf ein Gestell in einen Dampfgarer. 40 Minuten lang über kochendem Wasser dämpfen, bis das Hähnchen gar ist.

Hähnchen-Pilz-Pfanne

Für 4 Personen

45 ml/3 EL Erdnussöl

1 Knoblauchzehe, zerdrückt

1 Frühlingszwiebel (Frühlingszwiebel), gehackt

1 Scheibe Ingwerwurzel, gehackt

225 g Hähnchenbrust, in Streifen geschnitten

225 g/8 oz Champignons

45 ml/3 EL Sojasauce

15 ml/1 EL Reiswein oder trockener Sherry

5 ml/1 TL Speisestärke (Maisstärke)

Das Öl erhitzen und Knoblauch, Frühlingszwiebel und Ingwer anbraten, bis sie leicht gebräunt sind. Das Hähnchen dazugeben und 5 Minuten unter Rühren braten. Die Pilze dazugeben und 3 Minuten braten. Sojasauce, Wein oder Sherry und Speisestärke hinzufügen und etwa 5 Minuten unter Rühren braten, bis das Hähnchen gar ist.

Hähnchen mit Pilzen und Erdnüssen

Für 4 Personen

30 ml/2 EL Erdnussöl

2 Knoblauchzehen, zerdrückt

1 Scheibe Ingwerwurzel, gehackt

450 g Hähnchen ohne Knochen, gewürfelt

225 g/8 oz Champignons

100 g Bambussprossen, in Streifen geschnitten

1 grüne Paprika, gewürfelt

1 rote Paprika, gewürfelt

250 ml/8 fl oz/1 Tasse Hühnerbrühe

30 ml/2 EL Reiswein oder trockener Sherry

15 ml/1 EL Sojasauce

15 ml/1 EL Tabascosauce

30 ml/2 EL Speisestärke (Maisstärke)

30 ml/2 EL Wasser

Öl, Knoblauch und Ingwer erhitzen, bis der Knoblauch leicht goldbraun ist. Das Hähnchen dazugeben und unter Rühren anbraten, bis es leicht gebräunt ist. Pilze, Bambussprossen und Paprika dazugeben und 3 Minuten unter Rühren anbraten. Brühe, Wein oder Sherry, Sojasauce und Tabascosauce hinzufügen und unter Rühren aufkochen. Abdecken und etwa 10 Minuten köcheln lassen, bis das Hähnchen durchgegart ist. Speisestärke und Wasser vermischen und unter die Soße rühren. Unter Rühren köcheln lassen, bis die Soße klar und eindickend wird. Etwas mehr Brühe oder Wasser hinzufügen, wenn die Soße zu dick ist.

Gebratenes Hähnchen mit Pilzen

Für 4 Personen

6 getrocknete chinesische Pilze
1 Hähnchenbrust, in dünne Scheiben geschnitten
1 Scheibe Ingwerwurzel, gehackt
2 Frühlingszwiebeln (Frühlingszwiebeln), gehackt

15 ml/1 EL Speisestärke (Maisstärke)

15 ml/1 EL Reiswein oder trockener Sherry

30 ml/2 EL Wasser

2,5 ml/½ TL Salz

45 ml/3 EL Erdnussöl

225 g/8 oz Pilze, in Scheiben geschnitten

100 g Sojasprossen

15 ml/1 EL Sojasauce

5 ml/1 TL Zucker

120 ml/4 fl oz/½ Tasse Hühnerbrühe

Die Pilze 30 Minuten in warmem Wasser einweichen und dann abtropfen lassen. Die Stiele entfernen und die Kappen in Scheiben schneiden. Legen Sie das Huhn in eine Schüssel. Ingwer, Frühlingszwiebeln, Speisestärke, Wein oder Sherry, Wasser und Salz vermischen, unter das Hähnchen rühren und 1 Stunde ziehen lassen. Die Hälfte des Öls erhitzen und das Hähnchen unter Rühren anbraten, bis es leicht gebräunt ist, dann aus der Pfanne nehmen. Das restliche Öl erhitzen und die getrockneten und frischen Pilze sowie die Sojasprossen 3 Minuten lang anbraten. Sojasauce, Zucker und Brühe hinzufügen, aufkochen und zugedeckt 4 Minuten köcheln lassen, bis das Gemüse gerade zart ist. Geben Sie das Hähnchen zurück in die Pfanne, rühren Sie es gut um und erhitzen Sie es vor dem Servieren noch einmal vorsichtig.

Gedämpftes Hähnchen mit Pilzen

Für 4 Personen

4 Hähnchenstücke

30 ml/2 EL Speisestärke (Maisstärke)

30 ml/2 EL Sojasauce

3 Frühlingszwiebeln (Frühlingszwiebeln), gehackt

2 Scheiben Ingwerwurzel, gehackt

2,5 ml/½ TL Salz

100 g Champignons, in Scheiben geschnitten

Die Hähnchenstücke in 5 cm große Stücke schneiden und in eine ofenfeste Schüssel geben. Speisestärke und Sojasauce zu einer Paste verrühren, Frühlingszwiebeln, Ingwer und Salz unterrühren und gut mit dem Hähnchen vermischen. Die Pilze vorsichtig unterrühren. Stellen Sie die Schüssel auf einen Rost in einen Dampfgarer, decken Sie sie ab und dämpfen Sie sie etwa 35 Minuten lang über kochendem Wasser, bis das Huhn zart ist.

Huhn mit Zwiebeln

Für 4 Personen

60 ml/4 EL Erdnussöl

2 Zwiebeln, gehackt

450 g/1 Pfund Hähnchen, in Scheiben geschnitten

30 ml/2 EL Reiswein oder trockener Sherry

250 ml/8 fl oz/1 Tasse Hühnerbrühe

45 ml/3 EL Sojasauce

30 ml/2 EL Speisestärke (Maisstärke)

45 ml/3 EL Wasser

Das Öl erhitzen und die Zwiebeln anbraten, bis sie leicht gebräunt sind. Das Hähnchen dazugeben und anbraten, bis es leicht gebräunt ist. Wein oder Sherry, Brühe und Sojasauce hinzufügen, zum Kochen bringen, abdecken und 25 Minuten köcheln lassen, bis das Huhn weich ist. Maisstärke und Wasser zu einer Paste verrühren, in die Pfanne rühren und unter Rühren köcheln lassen, bis die Soße klar wird und eindickt.

Orangen-Zitronen-Hähnchen

Für 4 Personen

350 g Hühnerfleisch, in Streifen geschnitten

30 ml/2 EL Erdnussöl

2 Knoblauchzehen, zerdrückt

2 Scheiben Ingwerwurzel, gehackt

abgeriebene Schale einer ½ Orange

abgeriebene Schale einer halben Zitrone

45 ml/3 EL Orangensaft

45 ml/3 EL Zitronensaft

15 ml/1 EL Sojasauce

3 Frühlingszwiebeln (Frühlingszwiebeln), gehackt

15 ml/1 EL Speisestärke (Maisstärke)

45 ml/1 EL Wasser

Das Huhn 30 Sekunden lang in kochendem Wasser blanchieren und dann abtropfen lassen. Das Öl erhitzen und Knoblauch und Ingwer 30 Sekunden lang anbraten. Orangen- und Zitronenschale und -saft, Sojasauce und Frühlingszwiebeln hinzufügen und 2 Minuten unter Rühren anbraten. Das Hähnchen dazugeben und einige Minuten köcheln lassen, bis das Hähnchen zart ist. Speisestärke und Wasser zu einer Paste verrühren, in die Pfanne rühren und unter Rühren köcheln lassen, bis die Soße eindickt.

Hähnchen mit Austernsauce

Für 4 Personen

30 ml/2 EL Erdnussöl
1 Knoblauchzehe, zerdrückt
1 Scheibe Ingwer, fein gehackt
450 g/1 Pfund Hähnchen, in Scheiben geschnitten
250 ml/8 fl oz/1 Tasse Hühnerbrühe
30 ml/2 EL Austernsauce
15 ml/1 EL Reiswein oder Sherry
5 ml/1 TL Zucker

Das Öl mit Knoblauch und Ingwer erhitzen und anbraten, bis es leicht gebräunt ist. Das Hähnchen dazugeben und etwa 3 Minuten unter Rühren braten, bis es leicht gebräunt ist. Brühe, Austernsauce, Wein oder Sherry und Zucker hinzufügen, unter Rühren zum Kochen bringen, dann zugedeckt etwa 15 Minuten köcheln lassen, dabei gelegentlich umrühren, bis das Huhn gar ist. Nehmen Sie den Deckel ab und kochen Sie unter Rühren etwa 4 Minuten lang weiter, bis die Sauce eingedickt und eingedickt ist.

Hühnerpakete

Für 4 Personen

225 g/8 oz Huhn

30 ml/2 EL Reiswein oder trockener Sherry

30 ml/2 EL Sojasauce

Wachspapier oder Backpapier

30 ml/2 EL Erdnussöl

Öl zum Frittieren

Das Hähnchen in 5 cm große Würfel schneiden. Wein oder Sherry und Sojasauce vermischen, über das Hähnchen gießen und gut umrühren. Abdecken und 1 Stunde stehen lassen, dabei gelegentlich umrühren. Schneiden Sie das Papier in 10 cm große Quadrate und bestreichen Sie es mit Öl. Das Hähnchen gut abtropfen lassen. Legen Sie ein Blatt Papier mit einer Ecke in Ihre Richtung auf die Arbeitsfläche. Legen Sie ein Hähnchenstück auf das Quadrat direkt unter der Mitte, falten Sie die untere Ecke nach oben und falten Sie es erneut nach oben, um das Hähnchen zu umhüllen. Falten Sie die Seiten ein und dann die obere Ecke nach unten, um das Paket zu sichern. Das Öl erhitzen und die Hähnchenstücke etwa 5 Minuten frittieren, bis sie gar sind. Heiß in den Päckchen servieren, damit die Gäste es selbst öffnen können.

Huhn mit Erdnüssen

Für 4 Personen

225 g/8 oz Hähnchen, in dünne Scheiben geschnitten
1 Eiweiß, leicht geschlagen
10 ml/2 TL Speisestärke (Maisstärke)
45 ml/3 EL Erdnussöl
1 Knoblauchzehe, zerdrückt
1 Scheibe Ingwerwurzel, gehackt
2 Lauch, gehackt
30 ml/2 EL Sojasauce
15 ml/1 EL Reiswein oder trockener Sherry
100 g/4 oz geröstete Erdnüsse

Das Hähnchen mit dem Eiweiß und der Maisstärke vermischen, bis es gut bedeckt ist. Die Hälfte des Öls erhitzen und das Hähnchen unter Rühren goldbraun braten, dann aus der Pfanne nehmen. Das restliche Öl erhitzen und Knoblauch und Ingwer anbraten, bis sie weich sind. Den Lauch dazugeben und anbraten, bis er leicht gebräunt ist. Sojasauce und Wein oder Sherry einrühren und 3 Minuten köcheln lassen. Geben Sie das Hähnchen mit den Erdnüssen wieder in die Pfanne und lassen Sie es leicht köcheln, bis es durchgewärmt ist.

Huhn mit Erdnussbutter

Für 4 Personen

4 Hähnchenbrüste, gewürfelt

Salz und frisch gemahlener Pfeffer

5 ml/1 TL Fünf-Gewürze-Pulver

45 ml/3 EL Erdnussöl

1 Zwiebel, gewürfelt

2 Karotten, gewürfelt

1 Stange Sellerie, gewürfelt

300 ml/½ pt/1¼ Tassen Hühnerbrühe

10 ml/2 TL Tomatenmark (Paste)

100 g Erdnussbutter

15 ml/1 EL Sojasauce

10 ml/2 TL Speisestärke (Maisstärke)

Prise brauner Zucker

15 ml/1 EL gehackter Schnittlauch

Das Hähnchen mit Salz, Pfeffer und Fünf-Gewürze-Pulver würzen. Das Öl erhitzen und das Hähnchen unter Rühren anbraten, bis es weich ist. Aus der Pfanne nehmen. Das Gemüse dazugeben und braten, bis es weich, aber noch knusprig ist. Die Brühe mit den restlichen Zutaten bis auf den Schnittlauch vermischen, in die Pfanne rühren und aufkochen lassen. Geben Sie das Huhn wieder in die Pfanne und erhitzen Sie es unter Rühren erneut. Mit Zucker bestreut servieren.

Huhn mit Erbsen

Für 4 Personen

60 ml/4 EL Erdnussöl

1 Zwiebel, gehackt

450 g/1 Pfund Hähnchen, gewürfelt

Salz und frisch gemahlener Pfeffer

100 g Erbsen

2 Stangen Sellerie, gehackt

100 g/4 oz Pilze, gehackt

250 ml/8 fl oz/1 Tasse Hühnerbrühe

15 ml/1 EL Speisestärke (Maisstärke)

15 ml/1 EL Sojasauce

60 ml/4 EL Wasser

Das Öl erhitzen und die Zwiebel anbraten, bis sie leicht gebräunt ist. Das Hähnchen dazugeben und anbraten, bis es Farbe bekommt. Mit Salz und Pfeffer würzen, Erbsen, Sellerie und Pilze dazugeben und gut verrühren. Brühe hinzufügen, aufkochen, abdecken und 15 Minuten köcheln lassen. Maisstärke, Sojasauce und Wasser zu einer Paste verrühren, in die Pfanne rühren und unter Rühren köcheln lassen, bis die Sauce klar wird und eindickt.

Peking-Huhn

Für 4 Personen

4 Hähnchenportionen

Salz und frisch gemahlener Pfeffer

5 ml/1 TL Zucker

1 Frühlingszwiebel (Frühlingszwiebel), gehackt

1 Scheibe Ingwerwurzel, gehackt

15 ml/1 EL Sojasauce

15 ml/1 EL Reiswein oder trockener Sherry

15 ml/1 EL Speisestärke (Maisstärke)

Öl zum Frittieren

Die Hähnchenteile in eine flache Schüssel geben und mit Salz und Pfeffer bestreuen. Zucker, Frühlingszwiebeln, Ingwer, Sojasauce und Wein oder Sherry mischen, das Hähnchen damit einreiben, abdecken und 3 Stunden marinieren lassen. Das Hähnchen abtropfen lassen und mit Speisestärke bestäuben. Das Öl erhitzen und das Hähnchen frittieren, bis es goldbraun und durchgegart ist. Vor dem Servieren gut abtropfen lassen.

Huhn mit Paprika

Für 4 Personen

60 ml/4 EL Sojasauce

45 ml/3 EL Reiswein oder trockener Sherry

45 ml/3 EL Speisestärke (Maisstärke)

450 g/1 Pfund Hähnchen, gehackt (gemahlen)

60 ml/4 EL Erdnussöl

2,5 ml/½ TL Salz

2 Knoblauchzehen, zerdrückt

2 rote Paprika, gewürfelt

1 grüne Paprika, gewürfelt

5 ml/1 TL Zucker

300 ml/½ pt/1 ¼ Tassen Hühnerbrühe

Mischen Sie die Hälfte der Sojasauce, die Hälfte des Weins oder Sherrys und die Hälfte der Maisstärke. Über das Hähnchen gießen, gut umrühren und mindestens 1 Stunde marinieren lassen. Die Hälfte des Öls mit Salz und Knoblauch erhitzen, bis der Knoblauch leicht gebräunt ist. Hähnchen und Marinade dazugeben und etwa 4 Minuten unter Rühren braten, bis das Hähnchen weiß wird, dann aus der Pfanne nehmen. Geben Sie das restliche Öl in die Pfanne und braten Sie die Paprika unter Rühren 2 Minuten lang an. Den Zucker mit der restlichen Sojasauce, Wein oder Sherry und Speisestärke in die Pfanne geben und gut vermischen. Die Brühe hinzufügen, zum Kochen bringen und unter Rühren köcheln lassen, bis die Soße eindickt. Geben Sie das Hähnchen zurück in die Pfanne, decken Sie es ab und lassen Sie es 4 Minuten köcheln, bis das Hähnchen gar ist.

Gebratenes Hähnchen mit Paprika

Für 4 Personen

1 Hähnchenbrust, in dünne Scheiben geschnitten

2 Scheiben Ingwerwurzel, gehackt

2 Frühlingszwiebeln (Frühlingszwiebeln), gehackt

15 ml/1 EL Speisestärke (Maisstärke)

30 ml/2 EL Reiswein oder trockener Sherry

30 ml/2 EL Wasser

2,5 ml/½ TL Salz

45 ml/3 EL Erdnussöl

100 g Wasserkastanien, in Scheiben geschnitten

1 rote Paprika, in Streifen geschnitten
1 grüne Paprika, in Streifen geschnitten
1 gelbe Paprika, in Streifen geschnitten
30 ml/2 EL Sojasauce
120 ml/4 fl oz/½ Tasse Hühnerbrühe

Legen Sie das Huhn in eine Schüssel. Ingwer, Frühlingszwiebeln, Speisestärke, Wein oder Sherry, Wasser und Salz vermischen, unter das Hähnchen rühren und 1 Stunde ziehen lassen. Die Hälfte des Öls erhitzen und das Hähnchen unter Rühren anbraten, bis es leicht gebräunt ist, dann aus der Pfanne nehmen. Das restliche Öl erhitzen und die Wasserkastanien und Paprika 2 Minuten unter Rühren anbraten. Sojasauce und Brühe dazugeben, aufkochen, abdecken und 5 Minuten köcheln lassen, bis das Gemüse gerade zart ist. Geben Sie das Hähnchen zurück in die Pfanne, rühren Sie es gut um und erhitzen Sie es vor dem Servieren noch einmal vorsichtig.

Huhn und Ananas

Für 4 Personen

30 ml/2 EL Erdnussöl

5 ml/1 TL Salz

2 Knoblauchzehen, zerdrückt

450 g Hähnchen ohne Knochen, in dünne Scheiben geschnitten

2 Zwiebeln, in Scheiben geschnitten

100 g Wasserkastanien, in Scheiben geschnitten

100 g/4 oz Ananasstücke

30 ml/2 EL Reiswein oder trockener Sherry

450 ml/¾ pt/2 Tassen Hühnerbrühe

5 ml/1 TL Zucker

frisch gemahlener Pfeffer

30 ml/2 EL Ananassaft

30 ml/2 EL Sojasauce

30 ml/2 EL Speisestärke (Maisstärke)

Öl, Salz und Knoblauch erhitzen, bis der Knoblauch hellgolden wird. Das Hähnchen dazugeben und 2 Minuten unter Rühren braten. Zwiebeln, Wasserkastanien und Ananas dazugeben und 2 Minuten unter Rühren anbraten. Wein oder Sherry, Brühe und Zucker hinzufügen und mit Pfeffer würzen. Aufkochen, abdecken und 5 Minuten köcheln lassen. Ananassaft, Sojasauce und Speisestärke vermischen. In die Pfanne geben und unter Rühren köcheln lassen, bis die Soße eindickt und klar wird.

Hähnchen mit Ananas und Litschis

Für 4 Personen

30 ml/2 EL Erdnussöl

225 g/8 oz Hähnchen, in dünne Scheiben geschnitten

1 Scheibe Ingwerwurzel, gehackt

15 ml/1 EL Sojasauce

15 ml/1 EL Reiswein oder trockener Sherry

200 g/7 oz Ananasstücke aus der Dose in Sirup

200 g Litschis aus der Dose in Sirup
15 ml/1 EL Speisestärke (Maisstärke)

Das Öl erhitzen und das Hähnchen darin anbraten, bis es leicht Farbe bekommt. Sojasauce und Wein oder Sherry hinzufügen und gut umrühren. Messen Sie 250 ml/8 fl oz/1 Tasse des gemischten Ananas-Litschi-Sirups ab und bewahren Sie 30 ml/2 EL auf. Den Rest in die Pfanne geben, aufkochen und einige Minuten köcheln lassen, bis das Hähnchen weich ist. Ananasstücke und Litschis hinzufügen. Die Speisestärke mit dem beiseite gestellten Sirup vermischen, in die Pfanne rühren und unter Rühren köcheln lassen, bis die Soße klar wird und eindickt.

Huhn mit Schweinefleisch

Für 4 Personen

1 Hähnchenbrust, in dünne Scheiben geschnitten
100 g mageres Schweinefleisch, in dünne Scheiben geschnitten
60 ml/4 EL Sojasauce
15 ml/1 EL Speisestärke (Maisstärke)
1 Eiweiß
45 ml/3 EL Erdnussöl
3 Scheiben Ingwerwurzel, gehackt
50 g Bambussprossen, in Scheiben geschnitten
225 g/8 oz Pilze, in Scheiben geschnitten

225 g/8 oz chinesische Blätter, zerkleinert
120 ml/4 fl oz/½ Tasse Hühnerbrühe
30 ml/2 EL Wasser

Hähnchen und Schweinefleisch vermischen. Sojasauce, 5 ml/1 TL Speisestärke und Eiweiß vermischen und unter das Hähnchen- und Schweinefleisch rühren. 30 Minuten stehen lassen. Die Hälfte des Öls erhitzen, Hähnchen und Schweinefleisch darin anbraten, bis sie leicht gebräunt sind, und dann aus der Pfanne nehmen. Das restliche Öl erhitzen und den Ingwer, die Bambussprossen, die Pilze und die chinesischen Blätter anbraten, bis sie gut mit Öl bedeckt sind. Die Brühe hinzufügen und zum Kochen bringen. Die Hühnermischung wieder in die Pfanne geben, abdecken und etwa 3 Minuten köcheln lassen, bis das Fleisch zart ist. Die restliche Speisestärke mit dem Wasser zu einer Paste verrühren, in die Soße einrühren und unter Rühren köcheln lassen, bis die Soße eindickt. Sofort servieren.

Geschmortes Hähnchen mit Kartoffeln

Für 4 Personen

4 Hähnchenstücke
45 ml/3 EL Erdnussöl
1 Zwiebel, in Scheiben geschnitten

1 Knoblauchzehe, zerdrückt

2 Scheiben Ingwerwurzel, gehackt

450 ml/¾ pt/2 Tassen Wasser

45 ml/3 EL Sojasauce

15 ml/1 EL brauner Zucker

2 Kartoffeln, gewürfelt

Das Hähnchen in 5 cm große Stücke schneiden. Das Öl erhitzen und die Zwiebel, den Knoblauch und den Ingwer anbraten, bis sie leicht gebräunt sind. Das Hähnchen dazugeben und anbraten, bis es leicht gebräunt ist. Wasser und Sojasauce hinzufügen und zum Kochen bringen. Zucker einrühren, abdecken und etwa 30 Minuten köcheln lassen. Die Kartoffeln in die Pfanne geben, abdecken und weitere 10 Minuten köcheln lassen, bis das Hähnchen weich und die Kartoffeln gar sind.

Fünf-Gewürze-Hähnchen mit Kartoffeln

Für 4 Personen

45 ml/3 EL Erdnussöl

450 g Hähnchen, in Stücke geschnitten

Salz

45 ml/3 EL gelbe Bohnenpaste

45 ml/3 EL Sojasauce

5 ml/1 TL Zucker

5 ml/1 TL Fünf-Gewürze-Pulver

1 Kartoffel, gewürfelt

450 ml/¾ pt/2 Tassen Hühnerbrühe

Das Öl erhitzen und das Hähnchen unter Rühren anbraten, bis es leicht gebräunt ist. Mit Salz bestreuen, dann Bohnenpaste, Sojasauce, Zucker und Fünf-Gewürze-Pulver einrühren und 1 Minute lang unter Rühren braten. Die Kartoffeln dazugeben und gut verrühren, dann die Brühe hinzufügen, zum Kochen bringen, abdecken und etwa 30 Minuten köcheln lassen, bis sie weich sind.

Rotgekochtes Hähnchen

Für 4 Personen

450 g/1 Pfund Hähnchen, in Scheiben geschnitten

120 ml/4 fl oz/½ Tasse Sojasauce

15 ml/1 EL Zucker

2 Scheiben Ingwerwurzel, fein gehackt

90 ml/6 EL Hühnerbrühe

30 ml/2 EL Reiswein oder trockener Sherry
4 Frühlingszwiebeln (Frühlingszwiebeln), in Scheiben geschnitten

Alle Zutaten in einen Topf geben und zum Kochen bringen. Abdecken und etwa 15 Minuten köcheln lassen, bis das Hähnchen gar ist. Den Deckel abnehmen und unter gelegentlichem Rühren etwa 5 Minuten weiter köcheln lassen, bis die Sauce eingedickt ist. Mit Frühlingszwiebeln bestreut servieren.

Hähnchenfrikadellen

Für 4 Personen
225 g/8 oz Hühnerfleisch, gehackt (gemahlen)
3 Wasserkastanien, gehackt
1 Frühlingszwiebel (Frühlingszwiebel), gehackt
1 Scheibe Ingwerwurzel, gehackt

2 Eiweiß

5 ml/2 TL Salz

5 ml/1 TL frisch gemahlener Pfeffer

120 ml/4 fl oz/½ Tasse Erdnussöl

5 ml/1 TL gehackter Schinken

Hähnchen, Kastanien, die Hälfte der Frühlingszwiebel, Ingwer, Eiweiß, Salz und Pfeffer vermischen. Zu kleinen Kugeln formen und flach drücken. Das Öl erhitzen und die Frikadellen darin goldbraun braten, dabei einmal wenden. Mit der restlichen Frühlingszwiebel und dem Schinken bestreut servieren.

Herzhaftes Huhn

Für 4 Personen

30 ml/2 EL Erdnussöl

4 Hähnchenstücke

3 Frühlingszwiebeln (Frühlingszwiebeln), gehackt

2 Knoblauchzehen, zerdrückt

1 Scheibe Ingwerwurzel, gehackt

120 ml/4 fl oz/½ Tasse Sojasauce

30 ml/2 EL Reiswein oder trockener Sherry

30 ml/2 EL brauner Zucker

5 ml/1 TL Salz

375 ml/13 fl oz/1½ Tassen Wasser

15 ml/1 EL Speisestärke (Maisstärke)

Das Öl erhitzen und die Hähnchenteile goldbraun braten. Frühlingszwiebeln, Knoblauch und Ingwer hinzufügen und 2 Minuten braten. Sojasauce, Wein oder Sherry, Zucker und Salz hinzufügen und gut verrühren. Das Wasser hinzufügen und zum Kochen bringen, abdecken und 40 Minuten köcheln lassen. Die Speisestärke mit etwas Wasser vermischen, in die Soße einrühren und unter Rühren köcheln lassen, bis die Soße klar wird und eindickt.

Huhn in Sesamöl

Für 4 Personen

90 ml/6 EL Erdnussöl

60 ml/4 EL Sesamöl

5 Scheiben Ingwerwurzel

4 Hähnchenstücke

600 ml/1 pt/2½ Tassen Reiswein oder trockener Sherry
5 ml/1 TL Zucker
Salz und frisch gemahlener Pfeffer

Erhitzen Sie das Öl und braten Sie den Ingwer und das Huhn an, bis sie leicht gebräunt sind. Den Wein oder Sherry dazugeben und mit Zucker, Salz und Pfeffer würzen. Zum Kochen bringen und ohne Deckel leicht köcheln lassen, bis das Hähnchen zart ist und die Soße eingekocht ist. In Schüsseln servieren.

Sherry-Huhn

Für 4 Personen

30 ml/2 EL Erdnussöl
4 Hähnchenstücke
120 ml/4 fl oz/½ Tasse Sojasauce
500 ml/17 fl oz/2¼ Tassen Reiswein oder trockener Sherry
30 ml/2 EL Zucker

5 ml/1 TL Salz

2 Knoblauchzehen, zerdrückt

1 Scheibe Ingwerwurzel, gehackt

Das Öl erhitzen und das Hähnchen anbraten, bis es von allen Seiten braun ist. Überschüssiges Öl abgießen und alle restlichen Zutaten hinzufügen. Aufkochen, abdecken und bei relativ hoher Hitze 25 Minuten köcheln lassen. Die Hitze reduzieren und weitere 15 Minuten köcheln lassen, bis das Hähnchen gar ist und die Soße eingekocht ist.

Huhn mit Sojasauce

Für 4 Personen

350 g/12 oz Hähnchen, gewürfelt

2 Frühlingszwiebeln (Frühlingszwiebeln), gehackt

3 Scheiben Ingwerwurzel, gehackt

15 ml/1 EL Speisestärke (Maisstärke)

30 ml/2 EL Reiswein oder trockener Sherry

30 ml/2 EL Wasser

45 ml/3 EL Erdnussöl

60 ml/4 EL dicke Sojasauce

5 ml/1 TL Zucker

Hähnchen, Frühlingszwiebeln, Ingwer, Speisestärke, Wein oder Sherry und Wasser vermischen und 30 Minuten unter gelegentlichem Rühren stehen lassen. Das Öl erhitzen und das Hähnchen unter Rühren etwa 3 Minuten braten, bis es leicht gebräunt ist. Sojasauce und Zucker hinzufügen und etwa 1 Minute lang braten, bis das Hähnchen gar und zart ist.

Würziges gebackenes Hähnchen

Für 4 Personen

150 ml/¼ pt/großzügige ½ Tasse Sojasauce

2 Knoblauchzehen, zerdrückt

50 g/2 oz/¼ Tasse brauner Zucker

1 Zwiebel, fein gehackt

30 ml/2 EL Tomatenmark (Paste)

1 Zitronenscheibe, gehackt

1 Scheibe Ingwerwurzel, gehackt

45 ml/3 EL Reiswein oder trockener Sherry
4 große Hähnchenstücke

Alle Zutaten außer dem Huhn vermischen. Legen Sie das Hähnchen in eine ofenfeste Form, gießen Sie die Mischung darüber, marinieren Sie es zugedeckt über Nacht und begießen Sie es gelegentlich. Das Hähnchen im vorgeheizten Backofen bei 180 °C/350 °F/Gas Stufe 4 40 Minuten backen, dabei gelegentlich wenden und begießen. Nehmen Sie den Deckel ab, erhöhen Sie die Ofentemperatur auf 200 °C/400 °F/Gasstufe 6 und kochen Sie weitere 15 Minuten weiter, bis das Hähnchen gar ist.

Huhn mit Spinat

Für 4 Personen

100 g/4 oz Hähnchen, gehackt
15 ml/1 EL Schinkenfett, gehackt
175 ml/6 fl oz/¾ Tasse Hühnerbrühe
3 Eiweiß, leicht geschlagen
Salz
5 ml/1 TL Wasser

450 g Spinat, fein gehackt
5 ml/1 TL Speisestärke (Maisstärke)
45 ml/3 EL Erdnussöl

Mischen Sie das Huhn, das Schinkenfett, 150 ml/¼ pt/großzügige ½ Tasse Hühnerbrühe, das Eiweiß, 5 ml/1 TL Salz und das Wasser. Den Spinat mit der restlichen Brühe, einer Prise Salz und der Speisestärke mit etwas Wasser verrühren. Die Hälfte des Öls erhitzen, die Spinatmischung in die Pfanne geben und bei schwacher Hitze unter ständigem Rühren erhitzen. Auf einen vorgewärmten Servierteller geben und warm halten. Das restliche Öl erhitzen und löffelweise die Hähnchenmischung braten, bis sie fest und weiß ist. Auf dem Spinat anrichten und sofort servieren.

Hühnchen-Frühlingsrollen

Für 4 Personen
15 ml/1 EL Erdnussöl
Prise Salz
1 Knoblauchzehe, zerdrückt
225 g/8 oz Hähnchen, in Streifen geschnitten
100 g Champignons, in Scheiben geschnitten
175 g/6 oz Kohl, zerkleinert
100 g Bambussprossen, zerkleinert

50 g Wasserkastanien, gerieben

100 g Sojasprossen

5 ml/1 TL Zucker

5 ml/1 TL Reiswein oder trockener Sherry

5 ml/1 TL Sojasauce

8 Frühlingsrollenhäute

Öl zum Frittieren

Öl, Salz und Knoblauch erhitzen und leicht anbraten, bis der Knoblauch anfängt, goldbraun zu werden. Hähnchen und Pilze hinzufügen und einige Minuten unter Rühren braten, bis das Hähnchen weiß wird. Kohl, Bambussprossen, Wasserkastanien und Sojasprossen hinzufügen und 3 Minuten unter Rühren anbraten. Zucker, Wein oder Sherry und Sojasauce hinzufügen, gut umrühren, abdecken und die letzten 2 Minuten unter Rühren braten. In ein Sieb geben und abtropfen lassen.

Geben Sie ein paar Löffel der Füllmischung in die Mitte jeder Frühlingsrollenhaut, falten Sie den Boden nach oben, falten Sie die Seiten ein und rollen Sie sie dann nach oben, sodass die Füllung eingeschlossen ist. Den Rand mit etwas Mehl-Wasser-Mischung versiegeln und 30 Minuten trocknen lassen. Das Öl erhitzen und die Frühlingsrollen etwa 10 Minuten frittieren, bis sie knusprig und goldbraun sind. Vor dem Servieren gut abtropfen lassen.

Einfache Hähnchenpfanne

Für 4 Personen

1 Hähnchenbrust, in dünne Scheiben geschnitten

2 Scheiben Ingwerwurzel, gehackt

2 Frühlingszwiebeln (Frühlingszwiebeln), gehackt

15 ml/1 EL Speisestärke (Maisstärke)

15 ml/1 EL Reiswein oder trockener Sherry

30 ml/2 EL Wasser

2,5 ml/½ TL Salz

45 ml/3 EL Erdnussöl

100 g Bambussprossen, in Scheiben geschnitten

100 g Champignons, in Scheiben geschnitten

100 g Sojasprossen

15 ml/1 EL Sojasauce

5 ml/1 TL Zucker

120 ml/4 fl oz/½ Tasse Hühnerbrühe

Legen Sie das Huhn in eine Schüssel. Ingwer, Frühlingszwiebeln, Speisestärke, Wein oder Sherry, Wasser und Salz vermischen, unter das Hähnchen rühren und 1 Stunde ziehen lassen. Die Hälfte des Öls erhitzen und das Hähnchen unter Rühren anbraten, bis es leicht gebräunt ist, dann aus der Pfanne nehmen. Das restliche Öl erhitzen und die Bambussprossen, Pilze und

Sojasprossen 4 Minuten lang anbraten. Sojasauce, Zucker und Brühe hinzufügen, aufkochen und zugedeckt 5 Minuten köcheln lassen, bis das Gemüse gerade zart ist. Geben Sie das Hähnchen zurück in die Pfanne, rühren Sie es gut um und erhitzen Sie es vor dem Servieren noch einmal vorsichtig.

Hähnchen in Tomatensauce

Für 4 Personen

30 ml/2 EL Erdnussöl

5 ml/1 TL Salz

2 Knoblauchzehen, zerdrückt

450 g/1 Pfund Hähnchen, gewürfelt

300 ml/½ pt/1 ¼ Tassen Hühnerbrühe

120 ml/4 fl oz/½ Tasse Tomatenketchup (Ketchup)

15 ml/1 EL Speisestärke (Maisstärke)

4 Frühlingszwiebeln (Frühlingszwiebeln), in Scheiben geschnitten

Das Öl mit Salz und Knoblauch erhitzen, bis der Knoblauch leicht goldbraun ist. Das Hähnchen dazugeben und unter Rühren anbraten, bis es leicht gebräunt ist. Den größten Teil der Brühe dazugeben, zum Kochen bringen und zugedeckt etwa 15 Minuten köcheln lassen, bis das Hähnchen weich ist. Die restliche Brühe mit Ketchup und Speisestärke verrühren und in die Pfanne rühren. Unter Rühren köcheln lassen, bis die Soße eindickt und klar wird. Wenn die Soße zu dünn ist, lassen Sie sie eine Weile köcheln, bis sie eingekocht ist. Die Frühlingszwiebeln dazugeben und vor dem Servieren 2 Minuten köcheln lassen.

Huhn mit Tomaten

Für 4 Personen

225 g/8 oz Hähnchen, gewürfelt
15 ml/1 EL Speisestärke (Maisstärke)
15 ml/1 EL Sojasauce
15 ml/1 EL Reiswein oder trockener Sherry
45 ml/3 EL Erdnussöl
1 Zwiebel, gewürfelt
60 ml/4 EL Hühnerbrühe
5 ml/1 TL Salz
5 ml/1 TL Zucker
2 Tomaten, gehäutet und gewürfelt

Das Hähnchen mit Speisestärke, Sojasauce und Wein oder Sherry vermischen und 30 Minuten stehen lassen. Das Öl erhitzen und das Hähnchen darin anbraten, bis es leicht Farbe bekommt. Die Zwiebel hinzufügen und unter Rühren anbraten, bis sie weich ist. Brühe, Salz und Zucker hinzufügen, zum Kochen bringen und bei schwacher Hitze vorsichtig rühren, bis das Hähnchen gar ist.

Fügen Sie die Tomaten hinzu und rühren Sie, bis sie durchgewärmt sind.

Pochiertes Hähnchen mit Tomaten

Für 4 Personen

4 Hähnchenportionen
4 Tomaten, gehäutet und geviertelt
15 ml/1 EL Reiswein oder trockener Sherry
15 ml/1 EL Erdnussöl
Salz

Legen Sie das Huhn in eine Pfanne und bedecken Sie es knapp mit kaltem Wasser. Aufkochen, abdecken und 20 Minuten köcheln lassen. Tomaten, Wein oder Sherry, Öl und Salz hinzufügen, abdecken und weitere 10 Minuten köcheln lassen, bis das Hähnchen gar ist. Das Hähnchen auf einem vorgewärmten Teller anrichten und in Portionsstücke schneiden. Die Soße erneut erhitzen und zum Servieren über das Hähnchen gießen.

Hähnchen und Tomaten mit schwarzer Bohnensauce

Für 4 Personen

45 ml/3 EL Erdnussöl

1 Knoblauchzehe, zerdrückt

45 ml/3 EL schwarze Bohnensauce

225 g/8 oz Hähnchen, gewürfelt

15 ml/1 EL Reiswein oder trockener Sherry

5 ml/1 TL Zucker

15 ml/1 EL Sojasauce

90 ml/6 EL Hühnerbrühe

3 Tomaten, gehäutet und geviertelt

10 ml/2 TL Speisestärke (Maisstärke)

45 ml/3 EL Wasser

Das Öl erhitzen und den Knoblauch 30 Sekunden lang anbraten. Fügen Sie die schwarze Bohnensauce hinzu und braten Sie sie 30

Sekunden lang. Fügen Sie dann das Huhn hinzu und rühren Sie um, bis es gut mit Öl bedeckt ist. Wein oder Sherry, Zucker, Sojasauce und Brühe hinzufügen, zum Kochen bringen, abdecken und etwa 5 Minuten köcheln lassen, bis das Huhn gar ist. Speisestärke und Wasser zu einer Paste vermischen, in die Pfanne rühren und unter Rühren köcheln lassen, bis die Soße klar wird und eindickt.

Schnell gekochtes Hähnchen mit Gemüse

Für 4 Personen
1 Eiweiß
50 g/2 oz Maismehl (Maisstärke)
225 g Hähnchenbrust, in Streifen geschnitten
75 ml/5 EL Erdnussöl
200 g Bambussprossen, in Streifen geschnitten
50 g Sojasprossen
1 grüne Paprika, in Streifen geschnitten
3 Frühlingszwiebeln (Frühlingszwiebeln), in Scheiben geschnitten
1 Scheibe Ingwerwurzel, gehackt
1 Knoblauchzehe, gehackt
15 ml/1 EL Reiswein oder trockener Sherry

Eiweiß und Speisestärke verquirlen, dann die Hähnchenstreifen darin eintauchen. Erhitzen Sie das Öl auf mäßige Hitze und braten Sie das Hähnchen einige Minuten lang, bis es gerade gar ist. Aus der Pfanne nehmen und gut abtropfen lassen. Bambussprossen, Sojasprossen, Paprika, Zwiebeln, Ingwer und Knoblauch in die Pfanne geben und 3 Minuten unter Rühren braten. Den Wein oder Sherry hinzufügen und das Huhn wieder in die Pfanne geben. Vor dem Servieren gut verrühren und erhitzen.

Walnusshuhn

Für 4 Personen
45 ml/3 EL Erdnussöl
2 Frühlingszwiebeln (Frühlingszwiebeln), gehackt
1 Scheibe Ingwerwurzel, gehackt
450 g Hähnchenbrust, sehr dünn geschnitten
50 g Schinken, zerkleinert
30 ml/2 EL Sojasauce
30 ml/2 EL Reiswein oder trockener Sherry
5 ml/1 TL Zucker
5 ml/1 TL Salz
100 g/4 oz/1 Tasse Walnüsse, gehackt

Das Öl erhitzen und die Zwiebeln und den Ingwer 1 Minute lang anbraten. Hähnchen und Schinken dazugeben und 5 Minuten unter Rühren braten, bis sie fast gar sind. Sojasauce, Wein oder Sherry, Zucker und Salz hinzufügen und 3 Minuten unter Rühren braten. Die Walnüsse hinzufügen und 1 Minute lang braten, bis die Zutaten gründlich vermischt sind.

Huhn mit Walnüssen

Für 4 Personen

100 g/4 oz/1 Tasse geschälte Walnüsse, halbiert
Öl zum Frittieren
45 ml/3 EL Erdnussöl
2 Scheiben Ingwerwurzel, gehackt
225 g/8 oz Hähnchen, gewürfelt
100 g Bambussprossen, in Scheiben geschnitten
75 ml/5 EL Hühnerbrühe

Bereiten Sie die Walnüsse vor, erhitzen Sie das Öl und frittieren Sie die Walnüsse goldbraun, dann lassen Sie sie gut abtropfen. Erdnussöl erhitzen und den Ingwer 30 Sekunden anbraten. Das Hähnchen dazugeben und unter Rühren anbraten, bis es leicht gebräunt ist. Die restlichen Zutaten hinzufügen, aufkochen und unter Rühren köcheln lassen, bis das Hähnchen gar ist.

Huhn mit Wasserkastanien

Für 4 Personen

45 ml/3 EL Erdnussöl

2 Knoblauchzehen, zerdrückt

2 Frühlingszwiebeln (Frühlingszwiebeln), gehackt

1 Scheibe Ingwerwurzel, gehackt

225 g Hähnchenbrust, in Streifen geschnitten

100 g Wasserkastanien, in Streifen geschnitten

45 ml/3 EL Sojasauce

15 ml/1 EL Reiswein oder trockener Sherry

5 ml/1 TL Speisestärke (Maisstärke)

Das Öl erhitzen und Knoblauch, Frühlingszwiebeln und Ingwer anbraten, bis sie leicht gebräunt sind. Das Hähnchen dazugeben und 5 Minuten unter Rühren braten. Die Wasserkastanien dazugeben und 3 Minuten braten. Sojasauce, Wein oder Sherry und Speisestärke hinzufügen und etwa 5 Minuten unter Rühren braten, bis das Hähnchen gar ist.

Herzhaftes Hähnchen mit Wasserkastanien

Für 4 Personen

30 ml/2 EL Erdnussöl

4 Hähnchenstücke

3 Frühlingszwiebeln (Frühlingszwiebeln), gehackt

2 Knoblauchzehen, zerdrückt

1 Scheibe Ingwerwurzel, gehackt

250 ml/8 fl oz/1 Tasse Sojasauce

30 ml/2 EL Reiswein oder trockener Sherry

30 ml/2 EL brauner Zucker

5 ml/1 TL Salz

375 ml/13 fl oz/1¼ Tassen Wasser

225 g Wasserkastanien, in Scheiben geschnitten

15 ml/1 EL Speisestärke (Maisstärke)

Das Öl erhitzen und die Hähnchenteile goldbraun braten. Frühlingszwiebeln, Knoblauch und Ingwer hinzufügen und 2 Minuten braten. Sojasauce, Wein oder Sherry, Zucker und Salz hinzufügen und gut verrühren. Das Wasser hinzufügen und zum Kochen bringen, abdecken und 20 Minuten köcheln lassen. Die Wasserkastanien hinzufügen, abdecken und weitere 20 Minuten kochen lassen. Die Speisestärke mit etwas Wasser vermischen, in die Soße einrühren und unter Rühren köcheln lassen, bis die Soße klar wird und eindickt.

Hühnchen-Wontons

Für 4 Personen
4 getrocknete chinesische Pilze
450 g Hähnchenbrust, zerkleinert
225 g gemischtes Gemüse, gehackt
1 Frühlingszwiebel (Frühlingszwiebel), gehackt
15 ml/1 EL Sojasauce
2,5 ml/½ TL Salz
40 Wan-Tan-Häute
1 Ei, geschlagen

Die Pilze 30 Minuten in warmem Wasser einweichen und dann abtropfen lassen. Die Stiele entfernen und die Kappen hacken. Mit Hähnchen, Gemüse, Sojasauce und Salz vermischen.

Um die Wontons zu falten, halten Sie die Haut in der linken Handfläche und geben Sie etwas Füllung in die Mitte. Befeuchten Sie die Ränder mit Ei, falten Sie die Haut zu einem Dreieck und verschließen Sie die Ränder. Befeuchten Sie die Ecken mit Ei und drehen Sie sie zusammen.

Einen Topf Wasser zum Kochen bringen. Die Wontons hineingeben und etwa 10 Minuten köcheln lassen, bis sie an der Oberfläche schwimmen.

Knusprige Hähnchenflügel

Für 4 Personen

900 g Hähnchenflügel
60 ml/4 EL Reiswein oder trockener Sherry
60 ml/4 EL Sojasauce
50 g/2 oz/½ Tasse Maismehl (Maisstärke)
Erdnussöl zum Frittieren

Die Chicken Wings in eine Schüssel geben. Die restlichen Zutaten vermischen und über die Hähnchenflügel gießen, dabei gut umrühren, sodass sie mit der Soße bedeckt sind. Abdecken und 30 Minuten stehen lassen. Das Öl erhitzen und das Hähnchen nacheinander frittieren, bis es gar und dunkelbraun ist. Auf

Küchenpapier gut abtropfen lassen und warm halten, während das restliche Hähnchen gebraten wird.

Hähnchenflügel mit fünf Gewürzen

Für 4 Personen

30 ml/2 EL Erdnussöl

2 Knoblauchzehen, zerdrückt

450 g Hähnchenflügel

250 ml/8 fl oz/1 Tasse Hühnerbrühe

30 ml/2 EL Sojasauce

5 ml/1 TL Zucker

5 ml/1 TL Fünf-Gewürze-Pulver

Öl und Knoblauch erhitzen, bis der Knoblauch leicht gebräunt ist. Das Hähnchen dazugeben und anbraten, bis es leicht gebräunt ist. Die restlichen Zutaten hinzufügen, gut umrühren und zum Kochen bringen. Abdecken und etwa 15 Minuten köcheln lassen, bis das Hähnchen gar ist. Den Deckel abnehmen und unter gelegentlichem Rühren weiter köcheln lassen, bis fast die gesamte Flüssigkeit verdampft ist. Heiß oder kalt servieren.

Marinierte Hähnchenflügel

Für 4 Personen

45 ml/3 EL Sojasauce

45 ml/3 EL Reiswein oder trockener Sherry

30 ml/2 EL brauner Zucker

5 ml/1 TL geriebene Ingwerwurzel

2 Knoblauchzehen, zerdrückt

6 Frühlingszwiebeln (Frühlingszwiebeln), in Scheiben geschnitten

450 g Hähnchenflügel

30 ml/2 EL Erdnussöl

225 g Bambussprossen, in Scheiben geschnitten

20 ml/4 TL Speisestärke (Maisstärke)

175 ml/6 fl oz/¾ Tasse Hühnerbrühe

Sojasauce, Wein oder Sherry, Zucker, Ingwer, Knoblauch und Frühlingszwiebeln vermischen. Fügen Sie die Hähnchenflügel hinzu und rühren Sie um, bis sie vollständig bedeckt sind. Abdecken und 1 Stunde stehen lassen, dabei gelegentlich umrühren. Das Öl erhitzen und die Bambussprossen 2 Minuten lang anbraten. Nehmen Sie sie aus der Pfanne. Hähnchen und Zwiebeln abtropfen lassen und die Marinade auffangen. Das Öl erneut erhitzen und das Hähnchen unter Rühren anbraten, bis es von allen Seiten braun ist. Abdecken und weitere 20 Minuten garen, bis das Hähnchen zart ist. Die Speisestärke mit der Brühe und der beiseite gestellten Marinade vermischen. Über das Hähnchen gießen und unter Rühren aufkochen, bis die Sauce eindickt. Die Bambussprossen einrühren und unter Rühren weitere 2 Minuten köcheln lassen.

Königliche Chicken Wings

Für 4 Personen

12 Hühnerflügel

250 ml/8 fl oz/1 Tasse Erdnussöl

15 ml/1 EL Kristallzucker

2 Frühlingszwiebeln (Frühlingszwiebeln), in Stücke geschnitten

5 Scheiben Ingwerwurzel

5 ml/1 TL Salz

45 ml/3 EL Sojasauce

250 ml/8 fl oz/1 Tasse Reiswein oder trockener Sherry

250 ml/8 fl oz/1 Tasse Hühnerbrühe

10 Scheiben Bambussprossen

15 ml/1 EL Speisestärke (Maisstärke)

15 ml/1 EL Wasser

2,5 ml/½ TL Sesamöl

Die Hähnchenflügel 5 Minuten in kochendem Wasser blanchieren und dann gut abtropfen lassen. Das Öl erhitzen, den Zucker hinzufügen und rühren, bis er geschmolzen und goldbraun ist. Hähnchen, Frühlingszwiebeln, Ingwer, Salz, Sojasauce, Wein und Brühe hinzufügen, aufkochen und 20 Minuten leicht köcheln lassen. Die Bambussprossen dazugeben und 2 Minuten köcheln lassen, bis die Flüssigkeit fast vollständig verdampft ist. Die Speisestärke mit dem Wasser vermischen, in die Pfanne geben und rühren, bis eine dicke Masse entsteht. Die Hähnchenflügel auf einen vorgewärmten Teller geben und mit Sesamöl bestreut servieren.

Gewürzte Hähnchenflügel

Für 4 Personen

30 ml/2 EL Erdnussöl

5 ml/1 TL Salz

2 Knoblauchzehen, zerdrückt
900 g Hähnchenflügel
30 ml/2 EL Reiswein oder trockener Sherry
30 ml/2 EL Sojasauce
30 ml/2 EL Tomatenmark (Paste)
15 ml/1 EL Worcestershire-Sauce

Öl, Salz und Knoblauch erhitzen und braten, bis der Knoblauch hellgolden wird. Fügen Sie die Hähnchenflügel hinzu und braten Sie sie unter häufigem Rühren etwa 10 Minuten lang, bis sie goldbraun und fast gar sind. Fügen Sie die restlichen Zutaten hinzu und braten Sie es etwa 5 Minuten lang, bis das Hähnchen knusprig und durchgegart ist.

Gegrillte Hähnchenkeulen

Für 4 Personen

16 Hähnchenkeulen
30 ml/2 EL Reiswein oder trockener Sherry
30 ml/2 EL Weinessig
30 ml/2 EL Olivenöl
Salz und frisch gemahlener Pfeffer
120 ml/4 fl oz/½ Tasse Orangensaft
30 ml/2 EL Sojasauce
30 ml/2 EL Honig

15 ml/1 EL Zitronensaft

2 Scheiben Ingwerwurzel, gehackt

120 ml/4 fl oz/½ Tasse Chilisauce

Alle Zutaten bis auf die Chilisauce vermischen, abdecken und über Nacht im Kühlschrank marinieren lassen. Nehmen Sie das Hähnchen aus der Marinade und grillen oder grillen Sie es etwa 25 Minuten lang. Wenden Sie es dabei und begießen Sie es während des Garens mit der Chilisauce.

Hoisin-Hähnchenkeulen

Für 4 Personen

8 Hähnchenkeulen

600 ml/1 pt/2½ Tassen Hühnerbrühe

Salz und frisch gemahlener Pfeffer

250 ml/8 fl oz/1 Tasse Hoisinsauce

30 ml/2 EL einfaches (Allzweck-)Mehl

2 Eier, geschlagen

100 g/4 oz/1 Tasse Semmelbrösel

Öl zum Frittieren

Die Keulen und die Brühe in einen Topf geben, zum Kochen bringen, abdecken und 20 Minuten köcheln lassen, bis sie gar sind. Das Hähnchen aus der Pfanne nehmen und auf Küchenpapier trocken tupfen. Das Hähnchen in eine Schüssel geben und mit Salz und Pfeffer würzen. Die Hoisinsauce darübergießen und 1 Stunde marinieren lassen. Abfluss. Das Hähnchen im Mehl wenden, dann in Eiern und Semmelbröseln wälzen und dann erneut in Ei und Semmelbröseln wenden. Das Öl erhitzen und das Hähnchen darin etwa 5 Minuten goldbraun braten. Auf Küchenpapier abtropfen lassen und heiß oder kalt servieren.

Geschmortes Huhn

Für 4–6 Personen

75 ml/5 EL Erdnussöl

1 Huhn

3 Frühlingszwiebeln (Frühlingszwiebeln), in Scheiben geschnitten

3 Scheiben Ingwerwurzel

120 ml/4 fl oz/½ Tasse Sojasauce

30 ml/2 EL Reiswein oder trockener Sherry

5 ml/1 TL Zucker

Das Öl erhitzen und das Hähnchen anbraten, bis es braun ist. Frühlingszwiebeln, Ingwer, Sojasauce und Wein oder Sherry hinzufügen und zum Kochen bringen. Abdecken und 30 Minuten köcheln lassen, dabei gelegentlich wenden. Den Zucker hinzufügen und zugedeckt weitere 30 Minuten köcheln lassen, bis das Hähnchen gar ist.

Knusprig frittiertes Hühnchen

Für 4 Personen

1 Huhn

Salz

30 ml/2 EL Reiswein oder trockener Sherry

3 Frühlingszwiebeln (Frühlingszwiebeln), gewürfelt

1 Scheibe Ingwerwurzel

30 ml/2 EL Sojasauce

30 ml/2 EL Zucker

5 ml/1 TL ganze Nelken

5 ml/1 TL Salz

5 ml/1 TL Pfefferkörner

150 ml/¼ pt/reichlich ½ Tasse Hühnerbrühe

Öl zum Frittieren

1 Salat, zerkleinert

4 Tomaten, in Scheiben geschnitten

½ Gurke, in Scheiben geschnitten

Das Hähnchen mit Salz einreiben und 3 Stunden ruhen lassen. Spülen und in eine Schüssel geben. Wein oder Sherry, Ingwer, Sojasauce, Zucker, Nelken, Salz, Pfefferkörner und Brühe hinzufügen und gut begießen. Die Schüssel in einen Dampfgarer stellen, abdecken und etwa 2¼ Stunden dämpfen, bis das Hähnchen durchgegart ist. Abfluss. Das Öl erhitzen, bis es raucht, dann das Hähnchen dazugeben und frittieren, bis es braun ist. Weitere 5 Minuten braten, dann aus dem Öl nehmen und abtropfen lassen. In Stücke schneiden und auf einem vorgewärmten Servierteller anrichten. Mit Salat, Tomaten und Gurke garnieren und mit einem Pfeffer-Salz-Dip servieren.

Frittiertes ganzes Hähnchen

Für 5 Personen

1 Huhn

10 ml/2 TL Salz

15 ml/1 EL Reiswein oder trockener Sherry
2 Frühlingszwiebeln (Frühlingszwiebeln), halbiert
3 Scheiben Ingwerwurzel, in Streifen schneiden
Öl zum Frittieren

Tupfen Sie das Huhn trocken und reiben Sie die Haut mit Salz und Wein oder Sherry ein. Geben Sie die Frühlingszwiebeln und den Ingwer in die Mulde. Hängen Sie das Huhn zum Trocknen etwa 3 Stunden lang an einen kühlen Ort. Das Öl erhitzen und das Hähnchen in einen Frittierkorb legen. Vorsichtig in das Öl tauchen und kontinuierlich innen und außen begießen, bis das Hähnchen leicht gefärbt ist. Aus dem Öl nehmen und etwas abkühlen lassen, während das Öl erneut erhitzt wird. Nochmals goldbraun braten. Gut abtropfen lassen und dann in Stücke schneiden.

Fünf-Gewürze-Hähnchen

Für 4–6 Personen

1 Huhn
120 ml/4 fl oz/½ Tasse Sojasauce
2,5 cm/1 Stück Ingwerwurzel, gehackt
1 Knoblauchzehe, zerdrückt
15 ml/1 EL Fünf-Gewürze-Pulver
30 ml/2 EL Reiswein oder trockener Sherry

30 ml/2 EL Honig

2,5 ml/½ TL Sesamöl

Öl zum Frittieren

30 ml/2 EL Salz

5 ml/1 TL frisch gemahlener Pfeffer

Legen Sie das Huhn in einen großen Topf und füllen Sie es bis zur Hälfte des Oberschenkels mit Wasser. Reservieren Sie 15 ml/1 EL Sojasauce und geben Sie den Rest zusammen mit Ingwer, Knoblauch und der Hälfte des Fünf-Gewürze-Pulvers in die Pfanne. Aufkochen, abdecken und 5 Minuten köcheln lassen. Schalten Sie den Herd aus und lassen Sie das Hähnchen im Wasser stehen, bis das Wasser lauwarm ist. Abfluss.

Das Hähnchen der Länge nach halbieren und mit der Schnittfläche nach unten in einen Bräter legen. Restliche Sojasauce und Fünf-Gewürze-Pulver mit Wein oder Sherry, Honig und Sesamöl vermischen. Reiben Sie die Mischung über das Huhn und lassen Sie es 2 Stunden lang stehen, wobei Sie es gelegentlich mit der Mischung bestreichen. Das Öl erhitzen und die Hähnchenhälften etwa 15 Minuten frittieren, bis sie goldbraun und gar sind. Auf Küchenpapier abtropfen lassen und in portionierte Stücke schneiden.

In der Zwischenzeit Salz und Pfeffer mischen und in einer trockenen Pfanne etwa 2 Minuten erhitzen. Als Dip zum Hähnchen servieren.

Hühnchen mit Ingwer und Frühlingszwiebeln

Für 4 Personen

1 Huhn
2 Scheiben Ingwerwurzel, in Streifen schneiden
Salz und frisch gemahlener Pfeffer

90 ml/4 EL Erdnussöl

8 Frühlingszwiebeln (Frühlingszwiebeln), fein gehackt

10 ml/2 TL Weißweinessig

5 ml/1 TL Sojasauce

Legen Sie das Hähnchen in einen großen Topf, geben Sie die Hälfte des Ingwers hinzu und gießen Sie so viel Wasser hinzu, dass das Hähnchen fast bedeckt ist. Mit Salz und Pfeffer würzen. Zum Kochen bringen, abdecken und etwa 1¼ Stunden köcheln lassen, bis es weich ist. Lassen Sie das Hähnchen in der Brühe stehen, bis es abgekühlt ist. Das Hähnchen abgießen und kühl stellen, bis es kalt ist. In Portionen schneiden.

Den restlichen Ingwer reiben und mit Öl, Frühlingszwiebeln, Weinessig und Sojasauce sowie Salz und Pfeffer vermischen. 1 Stunde kühl stellen. Die Hähnchenstücke in eine Servierschüssel geben und mit dem Ingwer-Dressing übergießen. Mit gedünstetem Reis servieren.

Pochiertes Hähnchen

Für 4 Personen

1 Huhn

1,2 l/2 Teile/5 Tassen Hühnerbrühe oder Wasser

30 ml/2 EL Reiswein oder trockener Sherry

4 Frühlingszwiebeln (Frühlingszwiebeln), gehackt

1 Scheibe Ingwerwurzel

5 ml/1 TL Salz

Das Hähnchen mit allen restlichen Zutaten in einen großen Topf geben. Die Brühe bzw. das Wasser sollte bis zur Hälfte des Oberschenkels reichen. Zum Kochen bringen, abdecken und etwa 1 Stunde leicht köcheln lassen, bis das Hähnchen durchgegart ist. Abgießen und die Brühe für Suppen aufheben.

Rotgekochtes Hähnchen

Für 4 Personen

1 Huhn

250 ml/8 fl oz/1 Tasse Sojasauce

Legen Sie das Hähnchen in eine Pfanne, gießen Sie die Sojasauce darüber und füllen Sie es fast so weit mit Wasser auf, dass das Hähnchen bedeckt ist. Zum Kochen bringen, abdecken und etwa 1 Stunde köcheln lassen, bis das Hähnchen gar ist, dabei gelegentlich wenden.

Rotgekochtes, gewürztes Hähnchen

Für 4 Personen

2 Scheiben Ingwerwurzel
2 Frühlingszwiebeln (Frühlingszwiebeln)

1 Huhn

3 Nelken Sternanis

½ Zimtstange

15 ml/1 EL Szechuan-Pfefferkörner

75 ml/5 EL Sojasauce

75 ml/5 EL Reiswein oder trockener Sherry

75 ml/5 EL Sesamöl

15 ml/1 EL Zucker

Geben Sie den Ingwer und die Frühlingszwiebeln in die Hähnchenhöhle und legen Sie das Hähnchen in eine Pfanne. Sternanis, Zimt und Pfefferkörner in ein Stück Musselin binden und in die Pfanne geben. Sojasauce, Wein oder Sherry und Sesamöl darübergießen. Aufkochen, abdecken und ca. 45 Minuten köcheln lassen. Den Zucker hinzufügen, abdecken und weitere 10 Minuten köcheln lassen, bis das Hähnchen gar ist.

Sesam-Brathähnchen

Für 4 Personen

50 g Sesamsamen

1 Zwiebel, fein gehackt

2 Knoblauchzehen, gehackt

10 ml/2 TL Salz

1 getrocknete rote Chilischote, zerstoßen

eine Prise gemahlene Nelken

2,5 ml/½ TL gemahlener Kardamom

2,5 ml/½ TL gemahlener Ingwer

75 ml/5 EL Erdnussöl

1 Huhn

Alle Gewürze und Öl vermischen und das Hähnchen damit bestreichen. Stellen Sie es in einen Bräter und geben Sie 30 ml/2 EL Wasser in die Form. Im vorgeheizten Backofen bei 180 °C/350 °F/Gas Stufe 4 etwa 2 Stunden braten, dabei das Hähnchen gelegentlich begießen und wenden, bis das Hähnchen goldbraun und durchgegart ist. Bei Bedarf noch etwas Wasser hinzufügen, um ein Anbrennen zu verhindern.

Huhn in Sojasauce

Für 4–6 Personen

300 ml/½ pt/1¼ Tassen Sojasauce

300 ml/½ pt/1¼ Tassen Reiswein oder trockener Sherry

1 Zwiebel, gehackt

3 Scheiben Ingwerwurzel, gehackt

50 g/2 oz/¼ Tasse Zucker

1 Huhn

15 ml/1 EL Speisestärke (Maisstärke)

60 ml/4 EL Wasser

1 Gurke, geschält und in Scheiben geschnitten

30 ml/2 EL gehackte frische Petersilie

Sojasauce, Wein oder Sherry, Zwiebel, Ingwer und Zucker in einer Pfanne vermischen und zum Kochen bringen. Das Hähnchen dazugeben, erneut aufkochen lassen, abdecken und 1 Stunde leicht köcheln lassen, dabei das Hähnchen gelegentlich wenden, bis das Hähnchen gar ist. Das Hähnchen auf einen vorgewärmten Teller geben und tranchieren. Gießen Sie die gesamte Kochflüssigkeit bis auf 250 ml/8 fl oz/1 Tasse ab und bringen Sie sie erneut zum Kochen. Maisstärke und Wasser zu einer Paste verrühren, in die Pfanne rühren und unter Rühren köcheln lassen, bis die Soße klar wird und eindickt. Etwas Sauce über das Hähnchen streichen und das Hähnchen mit Gurke und Petersilie garnieren. Die restliche Soße separat servieren.

Gedämpftes Hähnchen

Für 4 Personen

1 Huhn

45 ml/3 EL Reiswein oder trockener Sherry
Salz
2 Scheiben Ingwerwurzel
2 Frühlingszwiebeln (Frühlingszwiebeln)
250 ml/8 fl oz/1 Tasse Hühnerbrühe

Legen Sie das Hähnchen in eine ofenfeste Schüssel, reiben Sie es mit Wein oder Sherry und Salz ein und geben Sie den Ingwer und die Frühlingszwiebeln in die Mulde. Stellen Sie die Schüssel auf ein Gestell in einen Dampfgarer, decken Sie sie ab und dämpfen Sie sie etwa eine Stunde lang über kochendem Wasser, bis sie gar sind. Heiß oder kalt servieren.

Gedämpftes Hähnchen mit Anis

Für 4 Personen
250 ml/8 fl oz/1 Tasse Sojasauce
250 ml/8 fl oz/1 Tasse Wasser

15 ml/1 EL brauner Zucker
4 Nelken Sternanis
1 Huhn

Sojasauce, Wasser, Zucker und Anis in einem Topf vermischen und bei schwacher Hitze zum Kochen bringen. Legen Sie das Hähnchen in eine Schüssel und bestreichen Sie es innen und außen gründlich mit der Mischung. Erhitzen Sie die Mischung erneut und wiederholen Sie den Vorgang. Legen Sie das Hähnchen in eine ofenfeste Schüssel. Stellen Sie die Schüssel auf ein Gestell in einen Dampfgarer, decken Sie sie ab und dämpfen Sie sie etwa eine Stunde lang über kochendem Wasser, bis sie gar sind.

Hähnchen mit seltsamem Geschmack

Für 4 Personen

1 Huhn

5 ml/1 TL gehackte Ingwerwurzel

5 ml/1 TL gehackter Knoblauch

45 ml/3 EL dicke Sojasauce

5 ml/1 TL Zucker

2,5 ml/½ TL Weinessig

10 ml/2 TL Sesamsauce

5 ml/1 TL frisch gemahlener Pfeffer

10 ml/2 TL Chiliöl

½ Salat, zerkleinert

15 ml/1 EL gehackter frischer Koriander

Legen Sie das Hähnchen in eine Pfanne und füllen Sie es bis zur Hälfte der Hähnchenschenkel mit Wasser. Zum Kochen bringen, abdecken und etwa 1 Stunde leicht köcheln lassen, bis das Hähnchen weich ist. Aus der Pfanne nehmen, gut abtropfen lassen und in Eiswasser einweichen, bis das Fleisch vollständig abgekühlt ist. Gut abtropfen lassen und in 5 cm große Stücke schneiden. Alle restlichen Zutaten vermischen und über das Hähnchen gießen. Mit Salat und Koriander garniert servieren.

Knusprige Hähnchenstücke

Für 4 Personen
100 g/4 oz einfaches (Allzweck-)Mehl
Prise Salz
15 ml/1 EL Wasser
1 Ei
350 g/12 oz gekochtes Hähnchen, gewürfelt
Öl zum Frittieren

Mehl, Salz, Wasser und Ei zu einem ziemlich steifen Teig verrühren, bei Bedarf noch etwas Wasser hinzufügen. Tauchen Sie die Hähnchenteile in den Teig, bis sie gut bedeckt sind. Das Öl sehr heiß erhitzen und das Hähnchen darin einige Minuten frittieren, bis es knusprig und goldbraun ist.

Huhn mit grünen Bohnen

Für 4 Personen

45 ml/3 EL Erdnussöl

450 g/1 Pfund gekochtes Hähnchen, zerkleinert

5 ml/1 TL Salz

2,5 ml/½ TL frisch gemahlener Pfeffer

225 g grüne Bohnen, in Stücke geschnitten

1 Stange Sellerie, schräg geschnitten

225 g/8 oz Pilze, in Scheiben geschnitten

250 ml/8 fl oz/1 Tasse Hühnerbrühe

30 ml/2 EL Speisestärke (Maisstärke)

60 ml/4 EL Wasser

10 ml/2 TL Sojasauce

Das Öl erhitzen und das Hähnchen mit Salz und Pfeffer anbraten, bis es leicht gebräunt ist. Bohnen, Sellerie und Pilze dazugeben und gut vermischen. Brühe hinzufügen, aufkochen, abdecken und 15 Minuten köcheln lassen. Speisestärke, Wasser und Sojasauce zu einer Paste vermischen, in die Pfanne rühren und unter Rühren köcheln lassen, bis die Sauce klar wird und eindickt.

Gekochtes Hähnchen mit Ananas

Für 4 Personen

45 ml/3 EL Erdnussöl

225 g/8 oz gekochtes Hähnchen, gewürfelt

Salz und frisch gemahlener Pfeffer

2 Stangen Sellerie, schräg geschnitten

3 Scheiben Ananas, in Stücke geschnitten

120 ml/4 fl oz/½ Tasse Hühnerbrühe

15 ml/1 EL Sojasauce

10 ml/2 EL Speisestärke (Maisstärke)

30 ml/2 EL Wasser

Das Öl erhitzen und das Hähnchen anbraten, bis es leicht gebräunt ist. Mit Salz und Pfeffer würzen, den Sellerie dazugeben und 2 Minuten unter Rühren anbraten. Ananas, Brühe und Sojasauce hinzufügen und einige Minuten rühren, bis alles durchgewärmt ist. Speisestärke und Wasser zu einer Paste verrühren, in die Pfanne rühren und unter Rühren köcheln lassen, bis die Soße klar wird und eindickt.

Hähnchen mit Paprika und Tomaten

Für 4 Personen

45 ml/3 EL Erdnussöl

450 g/1 Pfund gekochtes Hähnchen, in Scheiben geschnitten

10 ml/2 TL Salz

5 ml/1 TL frisch gemahlener Pfeffer

1 grüne Paprika, in Stücke geschnitten

4 große Tomaten, gehäutet und in Spalten geschnitten

250 ml/8 fl oz/1 Tasse Hühnerbrühe

30 ml/2 EL Speisestärke (Maisstärke)

15 ml/1 EL Sojasauce

120 ml/4 fl oz/½ Tasse Wasser

Das Öl erhitzen und das Hähnchen mit Salz und Pfeffer anbraten, bis es braun ist. Paprika und Tomaten hinzufügen. Mit der Brühe aufgießen, aufkochen und zugedeckt 15 Minuten köcheln lassen. Maisstärke, Sojasauce und Wasser zu einer Paste verrühren, in die Pfanne rühren und unter Rühren köcheln lassen, bis die Sauce klar wird und eindickt.

Sesame Chicken

Für 4 Personen

450 g/1 Pfund gekochtes Hähnchen, in Streifen geschnitten
2 Scheiben Ingwer, fein gehackt
1 Frühlingszwiebel (Frühlingszwiebel), fein gehackt
Salz und frisch gemahlener Pfeffer
60 ml/4 EL Reiswein oder trockener Sherry
60 ml/4 EL Sesamöl
10 ml/2 TL Zucker
5 ml/1 TL Weinessig
150 ml/¼ pt/großzügige ½ Tasse Sojasauce

Das Hähnchen auf einem Servierteller anrichten und mit Ingwer, Frühlingszwiebeln, Salz und Pfeffer bestreuen. Wein oder Sherry, Sesamöl, Zucker, Weinessig und Sojasauce vermischen. Über das Huhn gießen.

Gebratene Stubenküken

Für 4 Personen

2 Kätzchen, halbiert

45 ml/3 EL Sojasauce

45 ml/3 EL Reiswein oder trockener Sherry

120 ml/4 fl oz/½ Tasse Erdnussöl

1 Frühlingszwiebel (Frühlingszwiebel), fein gehackt

30 ml/2 EL Hühnerbrühe

10 ml/2 TL Zucker

5 ml/1 TL Chiliöl

5 ml/1 TL Knoblauchpaste

Salz und Pfeffer

Die Stubenküken in eine Schüssel geben. Sojasauce und Wein oder Sherry vermischen, über die Stubenküken gießen, abdecken und 2 Stunden lang marinieren, dabei häufig begießen. Das Öl erhitzen und die Küken etwa 20 Minuten braten, bis sie gar sind. Nehmen Sie sie aus der Pfanne und erhitzen Sie das Öl erneut. Zurück in die Pfanne geben und goldbraun braten. Den größten Teil des Öls abgießen. Die restlichen Zutaten vermischen, in die Pfanne geben und schnell erhitzen. Vor dem Servieren über die Stubenküken gießen.

Truthahn mit Zuckererbsen

Für 4 Personen

60 ml/4 EL Erdnussöl

2 Frühlingszwiebeln (Frühlingszwiebeln), gehackt

2 Knoblauchzehen, zerdrückt

1 Scheibe Ingwerwurzel, gehackt

225 g Putenbrust, in Streifen geschnitten

225 g Zuckererbsen (Zuckerschoten)

100 g Bambussprossen, in Streifen geschnitten

50 g Wasserkastanien, in Streifen geschnitten

45 ml/3 EL Sojasauce

15 ml/1 EL Reiswein oder trockener Sherry

5 ml/1 TL Zucker

5 ml/1 TL Salz

15 ml/1 EL Speisestärke (Maisstärke)

45 ml/3 EL Öl erhitzen und Frühlingszwiebeln, Knoblauch und Ingwer anbraten, bis sie leicht gebräunt sind. Den Truthahn dazugeben und 5 Minuten unter Rühren braten. Aus der Pfanne nehmen und beiseite stellen. Das restliche Öl erhitzen und Zuckererbsen, Bambussprossen und Wasserkastanien 3 Minuten lang anbraten. Sojasauce, Wein oder Sherry, Zucker und Salz hinzufügen und den Truthahn wieder in die Pfanne geben. 1

Minute unter Rühren braten. Die Speisestärke mit etwas Wasser vermischen, in die Pfanne rühren und unter Rühren köcheln lassen, bis die Soße klar wird und eindickt.

Truthahn mit Paprika

Für 4 Personen

4 getrocknete chinesische Pilze
30 ml/2 EL Erdnussöl
1 Chinakohl, in Streifen geschnitten
350 g/12 oz geräucherter Truthahn, in Streifen geschnitten
1 Zwiebel, in Scheiben geschnitten
1 rote Paprika, in Streifen geschnitten
1 grüne Paprika, in Streifen geschnitten
120 ml/4 fl oz/½ Tasse Hühnerbrühe
30 ml/2 EL Tomatenmark (Paste)
45 ml/3 EL Weinessig
30 ml/2 EL Sojasauce
15 ml/1 EL Hoisinsauce
10 ml/2 TL Speisestärke (Maisstärke)
ein paar Tropfen Chiliöl

Die Pilze 30 Minuten in warmem Wasser einweichen und dann abtropfen lassen. Die Stiele entfernen und die Kappen in Streifen schneiden. Die Hälfte des Öls erhitzen und den Kohl unter Rühren etwa 5 Minuten lang anbraten, bis er gar ist. Aus der Pfanne nehmen. Den Truthahn dazugeben und 1 Minute lang anbraten. Das Gemüse dazugeben und 3 Minuten unter Rühren anbraten. Die Brühe mit Tomatenmark, Weinessig und Soßen vermischen und zum Kohl in die Pfanne geben. Speisestärke mit etwas Wasser vermischen, in die Pfanne rühren und unter Rühren aufkochen. Mit Chiliöl bestreuen und unter ständigem Rühren 2 Minuten köcheln lassen.

Chinesischer gebratener Truthahn

Für 8–10 Personen
1 kleiner Truthahn
600 ml/1 pt/2½ Tassen heißes Wasser
10 ml/2 TL Piment
500 ml/16 fl oz/2 Tassen Sojasauce
5 ml/1 TL Sesamöl
10 ml/2 TL Salz
45 ml/3 EL Butter

Den Truthahn in eine Pfanne geben und mit heißem Wasser übergießen. Die restlichen Zutaten bis auf die Butter dazugeben und 1 Stunde unter mehrmaligem Wenden stehen lassen. Den Truthahn aus der Flüssigkeit nehmen und mit Butter bestreichen. In eine Bratform geben, locker mit Küchenfolie abdecken und im vorgeheizten Backofen bei 160 °C/325 °F/Gas Stufe 3 etwa 4 Stunden rösten, dabei gelegentlich mit der Sojasaucenflüssigkeit begießen. Entfernen Sie die Folie und lassen Sie die Haut in den letzten 30 Minuten des Garvorgangs knusprig werden.

Truthahn mit Walnüssen und Pilzen

Für 4 Personen

450 g Putenbrustfilet

Salz und Pfeffer

Saft von 1 Orange

15 ml/1 EL einfaches (Allzweck-)Mehl

12 eingelegte schwarze Walnüsse mit Saft

5 ml/1 TL Speisestärke (Maisstärke)

15 ml/1 EL Erdnussöl

2 Frühlingszwiebeln (Frühlingszwiebeln), gewürfelt

225 g/8 oz Champignons

45 ml/3 EL Reiswein oder trockener Sherry

10 ml/2 TL Sojasauce

50 g Butter

25 g/1 Unze Pinienkerne

Den Truthahn in 1 cm dicke Scheiben schneiden. Mit Salz, Pfeffer und Orangensaft bestreuen und mit Mehl bestäuben. Die Walnüsse abgießen, halbieren, dabei die Flüssigkeit auffangen und mit der Speisestärke vermischen. Das Öl erhitzen und den Truthahn unter Rühren goldbraun braten. Frühlingszwiebeln und Pilze dazugeben und 2 Minuten braten. Wein oder Sherry und

Sojasauce einrühren und 30 Sekunden köcheln lassen. Die Walnüsse zur Maismehlmischung geben, dann in die Pfanne rühren und zum Kochen bringen. Geben Sie die Butter in kleinen Flöckchen hinzu, aber lassen Sie die Mischung nicht kochen. Die Pinienkerne in einer trockenen Pfanne goldbraun rösten. Die Putenmischung auf einen vorgewärmten Teller geben und mit Pinienkernen garniert servieren.

Ente mit Bambussprossen

Für 4 Personen
6 getrocknete chinesische Pilze
1 Ente
50 g geräucherter Schinken, in Streifen geschnitten
100 g Bambussprossen, in Streifen geschnitten
2 Frühlingszwiebeln (Frühlingszwiebeln), in Streifen geschnitten
2 Scheiben Ingwerwurzel, in Streifen schneiden
5 ml/1 TL Salz

Die Pilze 30 Minuten in warmem Wasser einweichen und dann abtropfen lassen. Die Stiele entfernen und die Kappen in Streifen schneiden. Geben Sie alle Zutaten in eine hitzebeständige Schüssel und stellen Sie sie in einen Topf, der zu zwei Dritteln mit Wasser gefüllt ist. Zum Kochen bringen, abdecken und etwa 2 Stunden köcheln lassen, bis die Ente gar ist, bei Bedarf mit kochendem Wasser auffüllen.

Ente mit Sojasprossen

Für 4 Personen

225 g Sojasprossen
45 ml/3 EL Erdnussöl
450 g/1 Pfund gekochtes Entenfleisch
15 ml/1 EL Austernsauce
15 ml/1 EL Reiswein oder trockener Sherry
30 ml/2 EL Wasser
2,5 ml/½ TL Salz

Die Sojasprossen 2 Minuten in kochendem Wasser blanchieren und dann abtropfen lassen. Das Öl erhitzen und die Sojasprossen 30 Sekunden lang anbraten. Die Ente dazugeben und unter Rühren anbraten, bis sie durchgewärmt ist. Die restlichen Zutaten hinzufügen und 2 Minuten lang unter Rühren braten, um die Aromen zu vermischen. Sofort servieren.

Geschmorte Ente

Für 4 Personen

4 Frühlingszwiebeln (Frühlingszwiebeln), gehackt
1 Scheibe Ingwerwurzel, gehackt
120 ml/4 fl oz/½ Tasse Sojasauce
30 ml/2 EL Reiswein oder trockener Sherry
1 Ente
120 ml/4 fl oz/½ Tasse Erdnussöl
600 ml/1 pt/2½ Tassen Wasser
15 ml/1 EL brauner Zucker

Mischen Sie Frühlingszwiebeln, Ingwer, Sojasauce und Wein oder Sherry und reiben Sie die Ente innen und außen damit ein. Das Öl erhitzen und die Ente anbraten, bis sie von allen Seiten leicht gebräunt ist. Lassen Sie das Öl ab. Das Wasser und die restliche Sojasaucenmischung hinzufügen, zum Kochen bringen und zugedeckt 1 Stunde köcheln lassen. Den Zucker hinzufügen und zugedeckt weitere 40 Minuten köcheln lassen, bis die Ente zart ist.

Gedämpfte Ente mit Sellerie

Für 4 Personen

350 g/12 oz gekochte Ente, in Scheiben geschnitten

1 Kopf Sellerie

250 ml/8 fl oz/1 Tasse Hühnerbrühe

2,5 ml/½ TL Salz

5 ml/1 TL Sesamöl

1 Tomate, in Spalten geschnitten

Ordnen Sie die Ente auf einem Dampfgargestell an. Den Sellerie in 7,5 cm lange Stücke schneiden und in eine Pfanne geben. Mit der Brühe aufgießen, mit Salz würzen und den Dampfgarer über die Pfanne stellen. Die Brühe zum Kochen bringen und dann etwa 15 Minuten leicht köcheln lassen, bis der Sellerie weich und die Ente durchgewärmt ist. Die Ente und den Sellerie auf einem vorgewärmten Teller anrichten, den Sellerie mit Sesamöl beträufeln und mit Tomatenspalten garniert servieren.

Ente mit Ingwer

Für 4 Personen

350 g Entenbrust, in dünne Scheiben geschnitten

1 Ei, leicht geschlagen

5 ml/1 TL Sojasauce

5 ml/1 TL Speisestärke (Maisstärke)

5 ml/1 TL Erdnussöl

Öl zum Frittieren

50 g Bambussprossen

50 g Zuckererbsen (Zuckerschoten)

2 Scheiben Ingwerwurzel, gehackt

15 ml/1 EL Wasser

2,5 ml/½ TL Zucker

2,5 ml/½ TL Reiswein oder trockener Sherry

2,5 ml/½ TL Sesamöl

Die Ente mit Ei, Sojasauce, Speisestärke und Öl vermischen und 10 Minuten ruhen lassen. Das Öl erhitzen und die Ente und die Bambussprossen frittieren, bis sie gar und goldbraun sind. Aus der Pfanne nehmen und gut abtropfen lassen. Gießen Sie alles bis auf 15 ml/1 EL Öl aus der Pfanne und braten Sie Ente, Bambussprossen, Zuckerschoten, Ingwer, Wasser, Zucker und Wein oder Sherry 2 Minuten lang an. Mit Sesamöl bestreut servieren.

Ente mit grünen Bohnen

Für 4 Personen

1 Ente

60 ml/4 EL Erdnussöl

2 Knoblauchzehen, zerdrückt

2,5 ml/½ TL Salz

1 Zwiebel, gehackt

15 ml/1 EL geriebene Ingwerwurzel

45 ml/3 EL Sojasauce

120 ml/4 fl oz/½ Tasse Reiswein oder trockener Sherry

60 ml/4 EL Tomatenketchup (Ketchup)

45 ml/3 EL Weinessig

300 ml/½ pt/1¼ Tassen Hühnerbrühe

450 g/1 Pfund grüne Bohnen, in Scheiben geschnitten

Prise frisch gemahlener Pfeffer

5 Tropfen Chiliöl

15 ml/1 EL Speisestärke (Maisstärke)

30 ml/2 EL Wasser

Die Ente in 8 oder 10 Stücke schneiden. Das Öl erhitzen und die Ente goldbraun braten. In eine Schüssel geben. Knoblauch, Salz, Zwiebel, Ingwer, Sojasauce, Wein oder Sherry, Tomatenketchup und Weinessig hinzufügen. Mischen, abdecken und 3 Stunden im Kühlschrank marinieren.

Das Öl erneut erhitzen, die Ente, die Brühe und die Marinade hinzufügen, zum Kochen bringen und zugedeckt 1 Stunde köcheln lassen. Die Bohnen hinzufügen, abdecken und 15 Minuten köcheln lassen. Pfeffer und Chiliöl hinzufügen. Die Speisestärke mit dem Wasser vermischen, in die Pfanne rühren und unter Rühren köcheln lassen, bis die Soße eindickt.

Frittierte gedämpfte Ente

Für 4 Personen

1 Ente
Salz und frisch gemahlener Pfeffer
Öl zum Frittieren
Hoisin Soße

Die Ente mit Salz und Pfeffer würzen und in eine hitzebeständige Schüssel geben. In einen Topf stellen, der zu zwei Dritteln mit Wasser gefüllt ist, zum Kochen bringen, abdecken und etwa 1½

Stunden köcheln lassen, bis die Ente weich ist. Abgießen und abkühlen lassen.

Das Öl erhitzen und die Ente frittieren, bis sie knusprig und goldbraun ist. Herausnehmen und gut abtropfen lassen. In mundgerechte Stücke schneiden und mit Hoisinsauce servieren.

Ente mit exotischen Früchten

Für 4 Personen

4 Entenbrustfilets, in Streifen geschnitten

2,5 ml/½ TL Fünf-Gewürze-Pulver

30 ml/2 EL Sojasauce

15 ml/1 EL Sesamöl

15 ml/1 EL Erdnussöl

3 Stangen Sellerie, gewürfelt

2 Scheiben Ananas, gewürfelt

100 g Melone, gewürfelt

100 g Litschis, halbiert

130 ml/4 fl oz/½ Tasse Hühnerbrühe

30 ml/2 EL Tomatenmark (Paste)

30 ml/2 EL Hoisinsauce

10 ml/2 TL Weinessig

Prise brauner Zucker

Die Ente in eine Schüssel geben. Fünf-Gewürze-Pulver, Sojasauce und Sesamöl vermischen, über die Ente gießen und 2 Stunden marinieren, dabei gelegentlich umrühren. Das Öl erhitzen und die Ente 8 Minuten lang anbraten. Aus der Pfanne nehmen. Sellerie und Früchte dazugeben und 5 Minuten unter Rühren anbraten. Die Ente mit den restlichen Zutaten wieder in die Pfanne geben, zum Kochen bringen und vor dem Servieren unter Rühren 2 Minuten köcheln lassen.

Geschmorte Ente mit chinesischen Blättern

Für 4 Personen

1 Ente

30 ml/2 EL Reiswein oder trockener Sherry

30 ml/2 EL Hoisinsauce

15 ml/1 EL Speisestärke (Maisstärke)

5 ml/1 TL Salz

5 ml/1 TL Zucker

60 ml/4 EL Erdnussöl

4 Frühlingszwiebeln (Frühlingszwiebeln), gehackt

2 Knoblauchzehen, zerdrückt

1 Scheibe Ingwerwurzel, gehackt

75 ml/5 EL Sojasauce

600 ml/1 pt/2½ Tassen Wasser

225 g/8 oz chinesische Blätter, zerkleinert

Die Ente in etwa 6 Stücke schneiden. Wein oder Sherry, Hoisinsauce, Speisestärke, Salz und Zucker vermischen und über die Ente reiben. 1 Stunde stehen lassen. Das Öl erhitzen und die Frühlingszwiebeln, den Knoblauch und den Ingwer einige Sekunden anbraten. Die Ente dazugeben und anbraten, bis sie von allen Seiten leicht gebräunt ist. Überschüssiges Fett abtropfen lassen. Sojasauce und Wasser angießen, aufkochen und zugedeckt ca. 30 Minuten köcheln lassen. Die chinesischen Blätter dazugeben, erneut abdecken und weitere 30 Minuten köcheln lassen, bis die Ente zart ist.

Betrunkene Ente

Für 4 Personen

2 Frühlingszwiebeln (Frühlingszwiebeln), gehackt
2 Knoblauchzehen, gehackt
1,5 l/2½ pts/6 Tassen Wasser
1 Ente
450 ml/¾ pt/2 Tassen Reiswein oder trockener Sherry

Frühlingszwiebeln, Knoblauch und Wasser in einen großen Topf geben und zum Kochen bringen. Die Ente dazugeben, erneut aufkochen, abdecken und 45 Minuten köcheln lassen. Gut abtropfen lassen und die Flüssigkeit für die Brühe auffangen. Lassen Sie die Ente abkühlen und stellen Sie sie dann über Nacht in den Kühlschrank. Die Ente in Stücke schneiden und in ein großes Schraubglas geben. Mit Wein oder Sherry übergießen und etwa eine Woche kalt stellen, dann abgießen und kalt servieren.

Fünf-Gewürze-Ente

Für 4 Personen

150 ml/¼ pt/großzügige ½ Tasse Reiswein oder trockener Sherry
150 ml/¼ pt/großzügige ½ Tasse Sojasauce
1 Ente
10 ml/2 TL Fünf-Gewürze-Pulver

Wein oder Sherry und Sojasauce zum Kochen bringen. Die Ente dazugeben und unter Wenden etwa 5 Minuten köcheln lassen. Die Ente aus der Pfanne nehmen und die Haut mit dem Fünf-Gewürze-Pulver einreiben. Legen Sie den Vogel wieder in die Pfanne und fügen Sie so viel Wasser hinzu, dass die Ente zur Hälfte bedeckt ist. Zum Kochen bringen, abdecken und etwa 1½ Stunden köcheln lassen, bis die Ente weich ist, dabei häufig wenden und begießen. Die Ente in 5 cm große Stücke schneiden und heiß oder kalt servieren.

Gebratene Ente mit Ingwer

Für 4 Personen

1 Ente

2 Scheiben Ingwerwurzel, zerkleinert

2 Frühlingszwiebeln (Frühlingszwiebeln), gehackt

15 ml/1 EL Speisestärke (Maisstärke)

30 ml/2 EL Sojasauce

30 ml/2 EL Reiswein oder trockener Sherry

2,5 ml/½ TL Salz

45 ml/3 EL Erdnussöl

Das Fleisch von den Knochen lösen und in Stücke schneiden. Das Fleisch mit allen restlichen Zutaten außer dem Öl vermischen. 1 Stunde stehen lassen. Das Öl erhitzen und die Ente mit der Marinade etwa 15 Minuten lang anbraten, bis die Ente zart ist.

Ente mit Schinken und Lauch

Für 4 Personen

1 Ente

450 g/1 Pfund geräucherter Schinken

2 Lauch

2 Scheiben Ingwerwurzel, gehackt

45 ml/3 EL Reiswein oder trockener Sherry

45 ml/3 EL Sojasauce

2,5 ml/½ TL Salz

Legen Sie die Ente in eine Pfanne und bedecken Sie sie knapp mit kaltem Wasser. Aufkochen, abdecken und ca. 20 Minuten köcheln lassen. Abgießen und 450 ml/¾ Punkte/2 Tassen Brühe auffangen. Lassen Sie die Ente etwas abkühlen, schneiden Sie dann das Fleisch von den Knochen und schneiden Sie es in 5 cm große Quadrate. Den Schinken in gleich große Stücke schneiden. Schneiden Sie lange Lauchstücke ab, rollen Sie eine Enten- und Schinkenscheibe in das Blatt und binden Sie es mit einer Schnur zusammen. In eine hitzebeständige Schüssel geben. Ingwer, Wein oder Sherry, Sojasauce und Salz zur reservierten Brühe hinzufügen und über die Entenröllchen gießen. Stellen Sie die Schüssel so in einen mit Wasser gefüllten Topf, dass der Rand der Schüssel zu zwei Dritteln hochsteht. Zum Kochen bringen, abdecken und etwa 1 Stunde köcheln lassen, bis die Ente weich ist.

Mit Honig gebratene Ente

Für 4 Personen

1 Ente

Salz

3 Knoblauchzehen, zerdrückt

3 Frühlingszwiebeln (Frühlingszwiebeln), gehackt

45 ml/3 EL Sojasauce

45 ml/3 EL Reiswein oder trockener Sherry

45 ml/3 EL Honig

200 ml/7 fl oz/knapp 1 Tasse kochendes Wasser

Die Ente trocken tupfen und innen und außen mit Salz einreiben. Mischen Sie Knoblauch, Frühlingszwiebeln, Sojasauce und Wein oder Sherry und teilen Sie die Mischung dann in zwei Hälften. Mischen Sie den Honig in eine Hälfte und reiben Sie ihn über die Ente. Lassen Sie ihn dann trocknen. Geben Sie das Wasser zur restlichen Honigmischung hinzu. Gießen Sie die Sojasaucenmischung in den Hohlraum der Ente und stellen Sie sie auf einen Rost in eine Bratform mit etwas Wasser am Boden. Im vorgeheizten Backofen bei 180 °C/350 °F/Gas Stufe 4 etwa 2 Stunden braten, bis die Ente zart ist, dabei während des Garens mit der restlichen Honigmischung begießen.

Feucht gebratene Ente

Für 4 Personen

6 Frühlingszwiebeln (Frühlingszwiebeln), gehackt
2 Scheiben Ingwerwurzel, gehackt
1 Ente
2,5 ml/½ TL gemahlener Anis
15 ml/1 EL Zucker
45 ml/3 EL Reiswein oder trockener Sherry
60 ml/4 EL Sojasauce
250 ml/8 fl oz/1 Tasse Wasser

Geben Sie die Hälfte der Frühlingszwiebeln und des Ingwers in eine große Pfanne mit schwerem Boden. Geben Sie den Rest in die Mulde der Ente und geben Sie ihn in die Pfanne. Alle restlichen Zutaten bis auf die Hoisinsauce dazugeben, aufkochen und zugedeckt etwa 1½ Stunden köcheln lassen, dabei gelegentlich wenden. Die Ente aus der Pfanne nehmen und etwa 4 Stunden trocknen lassen.

Die Ente auf einem Rost in einen mit etwas kaltem Wasser gefüllten Bräter legen. Im vorgeheizten Backofen bei 230 °C/450 °F/Gas Stufe 8 15 Minuten rösten, dann umdrehen und weitere 10 Minuten knusprig rösten. In der Zwischenzeit die zurückbehaltene Flüssigkeit erneut erhitzen und zum Servieren über die Ente gießen.

Gebratene Ente mit Pilzen

Für 4 Personen

1 Ente

75 ml/5 EL Erdnussöl

45 ml/3 EL Reiswein oder trockener Sherry

15 ml/1 EL Sojasauce

15 ml/1 EL Zucker

5 ml/1 TL Salz

Prise Pfeffer

2 Knoblauchzehen, zerdrückt
225 g/8 oz Champignons, halbiert
600 ml/1 pt/2½ Tassen Hühnerbrühe
15 ml/1 EL Speisestärke (Maisstärke)
30 ml/2 EL Wasser
5 ml/1 TL Sesamöl

Die Ente in 5 cm große Stücke schneiden. 45 ml/3 EL Öl erhitzen und die Ente darin von allen Seiten leicht bräunen lassen. Wein oder Sherry, Sojasauce, Zucker, Salz und Pfeffer hinzufügen und 4 Minuten unter Rühren braten. Aus der Pfanne nehmen. Das restliche Öl erhitzen und den Knoblauch anbraten, bis er leicht gebräunt ist. Fügen Sie die Pilze hinzu und rühren Sie, bis sie mit Öl bedeckt sind. Geben Sie dann die Entenmischung wieder in die Pfanne und fügen Sie die Brühe hinzu. Zum Kochen bringen, abdecken und etwa 1 Stunde köcheln lassen, bis die Ente weich ist. Maisstärke und Wasser zu einer Paste vermischen, dann in die Mischung einrühren und unter Rühren köcheln lassen, bis die Soße eindickt. Mit Sesamöl bestreuen und servieren.

Ente mit zwei Pilzen

Für 4 Personen

6 getrocknete chinesische Pilze

1 Ente

750 ml/1 ¼ pt/3 Tassen Hühnerbrühe

45 ml/3 EL Reiswein oder trockener Sherry

5 ml/1 TL Salz

100 g Bambussprossen, in Streifen geschnitten
100 g/4 oz Champignons

Die Pilze 30 Minuten in warmem Wasser einweichen und dann abtropfen lassen. Die Stiele entfernen und die Kappen halbieren. Legen Sie die Ente mit der Brühe, dem Wein oder Sherry und dem Salz in eine große hitzebeständige Schüssel und stellen Sie sie in einen mit Wasser gefüllten Topf, der zu zwei Dritteln über den Schüsselrand reicht. Zum Kochen bringen, abdecken und etwa 2 Stunden köcheln lassen, bis die Ente weich ist. Aus der Pfanne nehmen und das Fleisch vom Knochen schneiden. Übertragen Sie die Kochflüssigkeit in einen separaten Topf. Die Bambussprossen und beide Pilzsorten auf den Boden des Dampfgartopfs legen, das Entenfleisch zurücklegen und zugedeckt weitere 30 Minuten dämpfen. Die Kochflüssigkeit zum Kochen bringen und zum Servieren über die Ente gießen.

Geschmorte Ente mit Zwiebeln

Für 4 Personen
4 getrocknete chinesische Pilze
1 Ente
90 ml/6 EL Sojasauce
60 ml/4 EL Erdnussöl
1 Frühlingszwiebel (Frühlingszwiebel), gehackt

1 Scheibe Ingwerwurzel, gehackt

45 ml/3 EL Reiswein oder trockener Sherry

450 g Zwiebeln, in Scheiben geschnitten

100 g Bambussprossen, in Scheiben geschnitten

15 ml/1 EL brauner Zucker

15 ml/1 EL Speisestärke (Maisstärke)

45 ml/3 EL Wasser

Die Pilze 30 Minuten in warmem Wasser einweichen und dann abtropfen lassen. Die Stiele entfernen und die Kappen in Scheiben schneiden. Die Ente mit 15 ml/1 EL Sojasauce einreiben. Reservieren Sie 15 ml/1 EL Öl, erhitzen Sie das restliche Öl und braten Sie die Frühlingszwiebeln und den Ingwer an, bis sie leicht gebräunt sind. Die Ente dazugeben und anbraten, bis sie von allen Seiten leicht gebräunt ist. Überschüssiges Fett abschütten. Den Wein oder Sherry, die restliche Sojasauce und gerade so viel Wasser in die Pfanne geben, dass die Ente fast bedeckt ist. Zum Kochen bringen, abdecken und 1 Stunde köcheln lassen, dabei gelegentlich wenden.

Erhitzen Sie das beiseite gestellte Öl und braten Sie die Zwiebeln an, bis sie weich sind. Vom Herd nehmen und die Bambussprossen und Pilze unterrühren, dann zur Ente geben, abdecken und weitere 30 Minuten köcheln lassen, bis die Ente weich ist. Die Ente aus der Pfanne nehmen, in Portionsstücke schneiden und auf einem vorgewärmten Servierteller anrichten. Die Flüssigkeiten in der Pfanne zum Kochen bringen, Zucker und Speisestärke hinzufügen und unter Rühren köcheln lassen, bis die Mischung kocht und eindickt. Zum Servieren über die Ente gießen.

Ente mit Orange

Für 4 Personen

1 Ente

3 Frühlingszwiebeln (Frühlingszwiebeln), in Stücke geschnitten

2 Scheiben Ingwerwurzel, in Streifen schneiden

1 Scheibe Orangenschale
Salz und frisch gemahlener Pfeffer

Die Ente in einen großen Topf geben, knapp mit Wasser bedecken und zum Kochen bringen. Frühlingszwiebeln, Ingwer und Orangenschale dazugeben und zugedeckt etwa 1½ Stunden köcheln lassen, bis die Ente weich ist. Mit Salz und Pfeffer würzen, abtropfen lassen und servieren.

Orangengebratene Ente

Für 4 Personen

1 Ente
2 Knoblauchzehen, halbiert
45 ml/3 EL Erdnussöl

1 Zwiebel

1 Orange

120 ml/4 fl oz/½ Tasse Reiswein oder trockener Sherry

2 Scheiben Ingwerwurzel, gehackt

5 ml/1 TL Salz

Reiben Sie die Ente innen und außen mit dem Knoblauch ein und bestreichen Sie sie dann mit Öl. Die geschälte Zwiebel mit einer Gabel einstechen, zusammen mit der ungeschälten Orange in die Entenhöhle legen und mit einem Spieß verschließen. Stellen Sie die Ente auf einem Rost über einen mit etwas heißem Wasser gefüllten Bräter und braten Sie sie im vorgeheizten Backofen bei 160 °C/325 °F/Gas Stufe 3 etwa 2 Stunden lang. Schütten Sie die Flüssigkeit weg und legen Sie die Ente wieder in den Bräter. Wein oder Sherry darübergießen und mit Ingwer und Salz bestreuen. Für weitere 30 Minuten zurück in den Ofen stellen. Zwiebeln und Orangen wegwerfen und die Ente in Portionsstücke schneiden. Zum Servieren den Bratensaft über die Ente gießen.

Ente mit Birnen und Kastanien

Für 4 Personen

225 g Kastanien, geschält

1 Ente

45 ml/3 EL Erdnussöl
250 ml/8 fl oz/1 Tasse Hühnerbrühe
45 ml/3 EL Sojasauce
15 ml/1 EL Reiswein oder trockener Sherry
5 ml/1 TL Salz
1 Scheibe Ingwerwurzel, gehackt
1 große Birne, geschält und in dicke Scheiben geschnitten
15 ml/1 EL Zucker

Kochen Sie die Kastanien 15 Minuten lang und lassen Sie sie dann abtropfen. Die Ente in 5 cm große Stücke schneiden. Das Öl erhitzen und die Ente anbraten, bis sie von allen Seiten leicht gebräunt ist. Überschüssiges Öl abgießen und dann Brühe, Sojasauce, Wein oder Sherry, Salz und Ingwer hinzufügen. Zum Kochen bringen, abdecken und 25 Minuten köcheln lassen, dabei gelegentlich umrühren. Die Kastanien dazugeben und zugedeckt weitere 15 Minuten köcheln lassen. Die Birne mit Zucker bestreuen, in die Pfanne geben und etwa 5 Minuten köcheln lassen, bis sie durchgeheizt ist.

Pekingente

Für 6 Personen

1 Ente
250 ml/8 fl oz/1 Tasse Wasser

120 ml/4 fl oz/½ Tasse Honig

120 ml/4 fl oz/½ Tasse Sesamöl

Für die Pfannkuchen:

250 ml/8 fl oz/1 Tasse Wasser

225 g/8 oz/2 Tassen einfaches (Allzweck-)Mehl

Erdnussöl zum Braten

Für die Dips:

120 ml/4 fl oz/½ Tasse Hoisinsauce

30 ml/2 EL brauner Zucker

30 ml/2 EL Sojasauce

5 ml/1 TL Sesamöl

6 Frühlingszwiebeln (Frühlingszwiebeln), längs in Scheiben geschnitten

1 Gurke, in Streifen geschnitten

Die Ente sollte ganz sein und die Haut intakt sein. Binden Sie den Hals mit einer Schnur fest und nähen oder spießen Sie die untere Öffnung zu. Schneiden Sie einen kleinen Schlitz seitlich in den Hals, stecken Sie einen Strohhalm hinein und blasen Sie Luft unter die Haut, bis sie aufgeblasen ist. Hängen Sie die Ente über eine Schüssel und lassen Sie sie 1 Stunde lang hängen.

Einen Topf mit Wasser zum Kochen bringen, die Ente hineinlegen und 1 Minute kochen lassen, dann herausnehmen und gut trocknen. Das Wasser zum Kochen bringen und den Honig einrühren. Reiben Sie die Mischung über die Entenhaut, bis sie gesättigt ist. Hängen Sie die Ente etwa 8 Stunden lang an einem kühlen, luftigen Ort über eine Schüssel, bis die Haut hart ist.

Hängen Sie die Ente auf oder legen Sie sie auf einen Rost über einem Bräter und braten Sie sie im vorgeheizten Ofen bei 180 °C/350 °F/Gasstufe 4 etwa 1½ Stunden lang, wobei Sie sie regelmäßig mit Sesamöl beträufeln.

Um die Pfannkuchen zuzubereiten, kochen Sie das Wasser und fügen Sie dann nach und nach das Mehl hinzu. Leicht kneten, bis der Teig weich ist, mit einem feuchten Tuch abdecken und 15 Minuten ruhen lassen. Auf einer bemehlten Fläche ausrollen und zu einem länglichen Zylinder formen. In 2,5 cm dicke Scheiben schneiden, dann flach drücken, bis sie etwa 5 mm dick sind, und die Oberseite mit Öl bestreichen. Stapeln Sie sie paarweise so, dass sich die geölten Oberflächen berühren, und bestäuben Sie die Außenseiten leicht mit Mehl. Rollen Sie die Paare auf einen Durchmesser von etwa 10 cm aus und braten Sie sie paarweise auf jeder Seite etwa 1 Minute lang, bis sie leicht gebräunt sind. Bis zum Servieren trennen und stapeln.

Bereiten Sie die Dips vor, indem Sie die Hälfte der Hoisinsauce mit dem Zucker und die restliche Hoisinsauce mit der Sojasauce und dem Sesamöl vermischen.

Die Ente aus dem Ofen nehmen, die Haut abschneiden, in Quadrate schneiden und das Fleisch würfeln. Auf separaten Tellern anrichten und mit Pfannkuchen, Dips und Beilagen servieren.

Geschmorte Ente mit Ananas

Für 4 Personen
1 Ente
400 g/14 oz Ananasstücke aus der Dose in Sirup
45 ml/3 EL Sojasauce
5 ml/1 TL Salz
Prise frisch gemahlener Pfeffer

Legen Sie die Ente in eine Pfanne mit schwerem Boden, bedecken Sie sie mit Wasser, bringen Sie sie zum Kochen, decken Sie sie ab und lassen Sie sie 1 Stunde lang köcheln. Den Ananassirup mit der Sojasauce, Salz und Pfeffer in die Pfanne abgießen, abdecken und weitere 30 Minuten köcheln lassen. Die Ananasstücke dazugeben und weitere 15 Minuten köcheln lassen, bis die Ente zart ist.

Gebratene Ente mit Ananas

Für 4 Personen

1 Ente

45 ml/3 EL Speisestärke (Maisstärke)

45 ml/3 EL Sojasauce

225 g/8 oz Dosenananas in Sirup

45 ml/3 EL Erdnussöl

2 Scheiben Ingwerwurzel, in Streifen schneiden

15 ml/1 EL Reiswein oder trockener Sherry

5 ml/1 TL Salz

Das Fleisch vom Knochen lösen und in Stücke schneiden. Die Sojasauce mit 30 ml/2 EL Speisestärke vermischen und unter die Ente rühren, bis sie gut bedeckt ist. 1 Stunde stehen lassen, dabei gelegentlich umrühren. Ananas und Sirup zerdrücken und in einer Pfanne vorsichtig erhitzen. Die restliche Speisestärke mit etwas Wasser vermischen, in die Pfanne rühren und unter Rühren köcheln lassen, bis die Soße eindickt. Warm halten. Das Öl erhitzen und den Ingwer anbraten, bis er leicht gebräunt ist, dann den Ingwer wegwerfen. Die Ente dazugeben und unter Rühren anbraten, bis sie von allen Seiten leicht gebräunt ist. Den Wein oder Sherry und das Salz hinzufügen und einige Minuten weiter braten, bis die Ente gar ist. Die Ente auf einem vorgewärmten Teller anrichten, mit der Soße übergießen und sofort servieren.

Ananas-Ingwer-Ente

Für 4 Personen

1 Ente

100 g konservierter Ingwer in Sirup

200 g/7 oz Ananasstücke aus der Dose in Sirup

5 ml/1 TL Salz

15 ml/1 EL Speisestärke (Maisstärke)

30 ml/2 EL Wasser

Legen Sie die Ente in eine hitzebeständige Schüssel und stellen Sie sie so in einen mit Wasser gefüllten Topf, dass sie zu zwei Dritteln über den Schüsselrand reicht. Zum Kochen bringen, abdecken und etwa 2 Stunden köcheln lassen, bis die Ente weich ist. Die Ente herausnehmen und etwas abkühlen lassen. Haut und Knochen entfernen und die Ente in Stücke schneiden. Auf einem Servierteller anrichten und warm halten.

Den Ingwer- und Ananassirup in einen Topf abgießen, Salz, Speisestärke und Wasser hinzufügen. Unter Rühren zum Kochen bringen und unter Rühren einige Minuten köcheln lassen, bis die Soße klar wird und eindickt. Ingwer und Ananas dazugeben, umrühren und zum Servieren über die Ente gießen.

Ente mit Ananas und Litschis

Für 4 Personen

4 Entenbrüste

15 ml/1 EL Sojasauce

1 Zehe Sternanis

1 Scheibe Ingwerwurzel

Erdnussöl zum Frittieren

90 ml/6 EL Weinessig

100 g/4 oz/½ Tasse brauner Zucker

250 ml/8 fl oz/½ Tasse Hühnerbrühe

15 ml/1 EL Tomatenketchup (Ketchup)

200 g/7 oz Ananasstücke aus der Dose in Sirup

15 ml/1 EL Speisestärke (Maisstärke)

6 Litschis aus der Dose

6 Maraschino-Kirschen

Enten, Sojasauce, Anis und Ingwer in einen Topf geben und knapp mit kaltem Wasser bedecken. Zum Kochen bringen, abschöpfen, abdecken und etwa 45 Minuten köcheln lassen, bis die Ente gar ist. Abtropfen lassen und trocken tupfen. Im heißen Öl knusprig frittieren.

In der Zwischenzeit Weinessig, Zucker, Brühe, Tomatenketchup und 30 ml/2 EL Ananassirup in einem Topf verrühren, aufkochen und ca. 5 Minuten köcheln lassen, bis eine dickflüssige Masse entsteht. Die Früchte einrühren und erhitzen, bevor sie zum Servieren über die Ente gegossen werden.

Ente mit Schweinefleisch und Kastanien

Für 4 Personen

6 getrocknete chinesische Pilze

1 Ente

225 g Kastanien, geschält

225 g/8 oz mageres Schweinefleisch, gewürfelt

3 Frühlingszwiebeln (Frühlingszwiebeln), gehackt

1 Scheibe Ingwerwurzel, gehackt

250 ml/8 fl oz/1 Tasse Sojasauce

900 ml/1½ pts/3¾ Tassen Wasser

Die Pilze 30 Minuten in warmem Wasser einweichen und dann abtropfen lassen. Die Stiele entfernen und die Kappen in Scheiben schneiden. Mit allen restlichen Zutaten in einen großen Topf geben, zum Kochen bringen, abdecken und etwa 1½ Stunden köcheln lassen, bis die Ente gar ist.

Ente mit Kartoffeln

Für 4 Personen

75 ml/5 EL Erdnussöl

1 Ente

3 Knoblauchzehen, zerdrückt

30 ml/2 EL schwarze Bohnensauce

10 ml/2 TL Salz

1,2 l/2 Teile/5 Tassen Wasser

2 Lauch, in dicke Scheiben geschnitten

15 ml/1 EL Zucker

45 ml/3 EL Sojasauce

60 ml/4 EL Reiswein oder trockener Sherry

1 Zehe Sternanis

900 g Kartoffeln, in dicke Scheiben geschnitten
½ Kopf chinesische Blätter
15 ml/1 EL Speisestärke (Maisstärke)
30 ml/2 EL Wasser
Zweige glatte Petersilie

60 ml/4 EL Öl erhitzen und die Ente darin von allen Seiten braun anbraten. Binden oder nähen Sie das Halsende zu und stellen Sie die Ente mit dem Hals nach unten in eine tiefe Schüssel. Das restliche Öl erhitzen und den Knoblauch anbraten, bis er leicht gebräunt ist. Die schwarze Bohnensauce und Salz hinzufügen und 1 Minute braten. Wasser, Lauch, Zucker, Sojasauce, Wein oder Sherry und Sternanis hinzufügen und zum Kochen bringen. Gießen Sie 120 ml/8 fl oz/1 Tasse der Mischung in die Entenhöhle und binden oder nähen Sie sie fest. Die restliche Mischung in der Pfanne zum Kochen bringen. Ente und Kartoffeln dazugeben, abdecken und 40 Minuten köcheln lassen, dabei die Ente einmal wenden. Ordnen Sie die chinesischen Blätter auf einem Servierteller an. Die Ente aus der Pfanne nehmen, in 5 cm große Stücke schneiden und mit den Kartoffeln auf dem Servierteller anrichten. Die Speisestärke mit dem Wasser zu einer Paste verrühren, in die Pfanne rühren und unter Rühren köcheln lassen, bis die Soße eindickt.

Rotgekochte Ente

Für 4 Personen

1 Ente

4 Frühlingszwiebeln (Frühlingszwiebeln), in Stücke geschnitten

2 Scheiben Ingwerwurzel, in Streifen schneiden

90 ml/6 EL Sojasauce

45 ml/3 EL Reiswein oder trockener Sherry

10 ml/2 TL Salz

10 ml/2 TL Zucker

Die Ente in einen schweren Topf geben, knapp mit Wasser bedecken und zum Kochen bringen. Frühlingszwiebeln, Ingwer, Wein oder Sherry und Salz hinzufügen, abdecken und etwa 1

Stunde köcheln lassen. Den Zucker hinzufügen und weitere 45 Minuten köcheln lassen, bis die Ente zart ist. Die Ente in Scheiben schneiden, auf einen Servierteller legen und heiß oder kalt servieren, mit oder ohne Sauce.

Gebratene Ente in Reiswein

Für 4 Personen

1 Ente

500 ml/14 fl oz/1¾ Tassen Reiswein oder trockener Sherry

5 ml/1 TL Salz

45 ml/3 EL Sojasauce

Die Ente mit Sherry und Salz in eine Pfanne mit schwerem Boden geben, zum Kochen bringen und zugedeckt 20 Minuten köcheln lassen. Die Ente abtropfen lassen, dabei die Flüssigkeit auffangen und mit Sojasauce einreiben. Auf einen Rost in einer mit etwas heißem Wasser gefüllten Bratform legen und im vorgeheizten Backofen bei 180 °C/350 °F/Gas Stufe 4 etwa 1

Stunde lang rösten, dabei regelmäßig mit der zurückbehaltenen Weinflüssigkeit begießen.

Gedämpfte Ente mit Reiswein

Für 4 Personen

1 Ente

4 Frühlingszwiebeln (Frühlingszwiebeln), halbiert

1 Scheibe Ingwerwurzel, gehackt

250 ml/8 fl oz/1 Tasse Reiswein oder trockener Sherry

30 ml/2 EL Sojasauce

Prise Salz

Die Ente 5 Minuten in kochendem Wasser blanchieren und dann abtropfen lassen. Mit den restlichen Zutaten in eine hitzebeständige Schüssel geben. Stellen Sie die Schüssel so in einen mit Wasser gefüllten Topf, dass der Rand der Schüssel zu zwei Dritteln hochsteht. Zum Kochen bringen, abdecken und etwa 2 Stunden köcheln lassen, bis die Ente weich ist. Vor dem Servieren die Frühlingszwiebeln und den Ingwer wegwerfen.

Herzhafte Ente

Für 4 Personen

45 ml/3 EL Erdnussöl

4 Entenbrüste

3 Frühlingszwiebeln (Frühlingszwiebeln), in Scheiben geschnitten

2 Knoblauchzehen, zerdrückt

1 Scheibe Ingwerwurzel, gehackt

250 ml/8 fl oz/1 Tasse Sojasauce

30 ml/2 EL Reiswein oder trockener Sherry
30 ml/2 EL brauner Zucker
5 ml/1 TL Salz
450 ml/¾ pt/2 Tassen Wasser
15 ml/1 EL Speisestärke (Maisstärke)

Das Öl erhitzen und die Entenbrüste goldbraun braten. Frühlingszwiebeln, Knoblauch und Ingwer hinzufügen und 2 Minuten braten. Sojasauce, Wein oder Sherry, Zucker und Salz hinzufügen und gut vermischen. Wasser hinzufügen, zum Kochen bringen und zugedeckt ca. 1½ Stunden köcheln lassen, bis das Fleisch sehr zart ist. Die Speisestärke mit etwas Wasser vermischen, dann in die Pfanne rühren und unter Rühren köcheln lassen, bis die Soße eindickt.

Pikante Ente mit grünen Bohnen

Für 4 Personen
45 ml/3 EL Erdnussöl
4 Entenbrüste
3 Frühlingszwiebeln (Frühlingszwiebeln), in Scheiben geschnitten
2 Knoblauchzehen, zerdrückt
1 Scheibe Ingwerwurzel, gehackt
250 ml/8 fl oz/1 Tasse Sojasauce

30 ml/2 EL Reiswein oder trockener Sherry

30 ml/2 EL brauner Zucker

5 ml/1 TL Salz

450 ml/¾ pt/2 Tassen Wasser

225 g grüne Bohnen

15 ml/1 EL Speisestärke (Maisstärke)

Das Öl erhitzen und die Entenbrüste goldbraun braten. Frühlingszwiebeln, Knoblauch und Ingwer hinzufügen und 2 Minuten braten. Sojasauce, Wein oder Sherry, Zucker und Salz hinzufügen und gut vermischen. Wasser hinzufügen, aufkochen, abdecken und ca. 45 Minuten köcheln lassen. Die Bohnen dazugeben, abdecken und weitere 20 Minuten köcheln lassen. Die Speisestärke mit etwas Wasser vermischen, dann in die Pfanne rühren und unter Rühren köcheln lassen, bis die Soße eindickt.

Langsam gekochte Ente

Für 4 Personen

1 Ente

50 g/2 oz/½ Tasse Maismehl (Maisstärke)

Öl zum Frittieren

2 Knoblauchzehen, zerdrückt

30 ml/2 EL Reiswein oder trockener Sherry

30 ml/2 EL Sojasauce

5 ml/1 TL geriebene Ingwerwurzel

750 ml/1 ¼ pt/3 Tassen Hühnerbrühe

4 getrocknete chinesische Pilze

225 g Bambussprossen, in Scheiben geschnitten

225 g Wasserkastanien, in Scheiben geschnitten

10 ml/2 TL Zucker

Prise Pfeffer

5 Frühlingszwiebeln (Frühlingszwiebeln), in Scheiben geschnitten

Die Ente in portionierte Stücke schneiden. Reservieren Sie 30 ml/2 EL Speisestärke und bestreichen Sie die Ente mit der restlichen Speisestärke. Den Überschuss abstauben. Das Öl erhitzen und den Knoblauch und die Ente anbraten, bis sie leicht gebräunt sind. Aus der Pfanne nehmen und auf Küchenpapier abtropfen lassen. Die Ente in eine große Pfanne geben. Wein oder Sherry, 15 ml/1 EL Sojasauce und Ingwer vermischen. In die Pfanne geben und bei starker Hitze 2 Minuten kochen lassen. Die Hälfte der Brühe hinzufügen, aufkochen lassen und zugedeckt ca. 1 Stunde köcheln lassen, bis die Ente weich ist.

In der Zwischenzeit die Pilze 30 Minuten in warmem Wasser einweichen und dann abtropfen lassen. Die Stiele entfernen und die Kappen in Scheiben schneiden. Pilze, Bambussprossen und

Wasserkastanien zur Ente geben und unter häufigem Rühren 5 Minuten kochen lassen. Eventuelles Fett aus der Flüssigkeit abschöpfen. Restliche Brühe, Speisestärke und Sojasauce mit Zucker und Pfeffer vermischen und in die Pfanne rühren. Unter Rühren zum Kochen bringen und dann etwa 5 Minuten köcheln lassen, bis die Soße eindickt. In eine vorgewärmte Servierschüssel geben und mit Frühlingszwiebeln garniert servieren.

Gebratene Ente

Für 4 Personen

1 Eiweiß, leicht geschlagen

20 ml/1½ EL Speisestärke (Maisstärke)

Salz

450 g/1 Pfund Entenbrust, in dünne Scheiben geschnitten

45 ml/3 EL Erdnussöl

2 Frühlingszwiebeln (Frühlingszwiebeln), in Streifen geschnitten

1 grüne Paprika, in Streifen geschnitten

5 ml/1 TL Reiswein oder trockener Sherry

75 ml/5 EL Hühnerbrühe

2,5 ml/½ TL Zucker

Das Eiweiß mit 15 ml/1 EL Speisestärke und einer Prise Salz verrühren. Die in Scheiben geschnittene Ente dazugeben und verrühren, bis die Ente bedeckt ist. Erhitzen Sie das Öl und braten Sie die Ente, bis sie gar und goldbraun ist. Nehmen Sie die Ente aus der Pfanne und lassen Sie das Öl bis auf 30 ml/2 EL abtropfen. Frühlingszwiebeln und Pfeffer dazugeben und 3 Minuten braten. Wein oder Sherry, Brühe und Zucker hinzufügen und zum Kochen bringen. Die restliche Speisestärke mit etwas Wasser vermischen, in die Soße einrühren und unter Rühren köcheln lassen, bis die Soße eindickt. Die Ente einrühren, erhitzen und servieren.

Ente mit Süßkartoffeln

Für 4 Personen

1 Ente

250 ml/8 fl oz/1 Tasse Erdnussöl

225 g/8 oz Süßkartoffeln, geschält und gewürfelt

2 Knoblauchzehen, zerdrückt

1 Scheibe Ingwerwurzel, gehackt

2,5 ml/½ TL Zimt

2,5 ml/½ TL gemahlene Nelken

Prise gemahlener Anis

5 ml/1 TL Zucker

15 ml/1 EL Sojasauce

250 ml/8 fl oz/1 Tasse Hühnerbrühe

15 ml/1 EL Speisestärke (Maisstärke)

30 ml/2 EL Wasser

Die Ente in 5 cm große Stücke schneiden. Das Öl erhitzen und die Kartoffeln frittieren, bis sie goldbraun sind. Nehmen Sie sie aus der Pfanne und lassen Sie bis auf 30 ml/2 EL Öl alles abtropfen. Knoblauch und Ingwer hinzufügen und 30 Sekunden lang anbraten. Die Ente dazugeben und anbraten, bis sie von allen Seiten leicht gebräunt ist. Gewürze, Zucker, Sojasauce und Brühe hinzufügen und zum Kochen bringen. Die Kartoffeln dazugeben, abdecken und etwa 20 Minuten köcheln lassen, bis die Ente weich ist. Das Maismehl mit dem Wasser zu einer Paste verrühren, dann in die Pfanne geben und unter Rühren köcheln lassen, bis die Soße eindickt.

Süß-saure Ente

Für 4 Personen

1 Ente

1,2 l/2 Teile/5 Tassen Hühnerbrühe

2 Zwiebeln

2 Karotten

2 Knoblauchzehen, in Scheiben geschnitten

15 ml/1 EL Beizgewürz

10 ml/2 TL Salz

10 ml/2 TL Erdnussöl

6 Frühlingszwiebeln (Frühlingszwiebeln), gehackt

1 Mango, geschält und gewürfelt

12 Litschis, halbiert

15 ml/1 EL Speisestärke (Maisstärke)

15 ml/1 EL Weinessig

10 ml/2 TL Tomatenmark (Paste)

15 ml/1 EL Sojasauce

5 ml/1 TL Fünf-Gewürze-Pulver

300 ml/½ pt/1 ¼ Tassen Hühnerbrühe

Die Ente in einem Dampfkorb über einer Pfanne mit Brühe, Zwiebeln, Karotten, Knoblauch, Gewürzen und Salz anrichten. Abdecken und 2½ Stunden dämpfen. Die Ente abkühlen lassen, abdecken und 6 Stunden kalt stellen. Das Fleisch von den Knochen lösen und in Würfel schneiden. Das Öl erhitzen und die Ente und die Frühlingszwiebeln darin anbraten, bis sie knusprig sind. Restliche Zutaten einrühren, aufkochen und unter Rühren 2 Minuten köcheln lassen, bis die Soße eindickt.

Mandarinenente

Für 4 Personen

1 Ente

60 ml/4 EL Erdnussöl

1 Stück getrocknete Mandarinenschale

900 ml/1½ pts/3¾ Tassen Hühnerbrühe

5 ml/1 TL Salz

Hängen Sie die Ente 2 Stunden lang zum Trocknen auf. Die Hälfte des Öls erhitzen und die Ente darin anbraten, bis sie leicht gebräunt ist. In eine große hitzebeständige Schüssel umfüllen. Das restliche Öl erhitzen, die Mandarinenschale zwei Minuten lang anbraten und dann in die Ente geben. Die Brühe über die Ente gießen und mit Salz würzen. Stellen Sie die Schüssel auf einen Rost in einen Dampfgarer, decken Sie sie ab und dämpfen Sie sie etwa 2 Stunden lang, bis die Ente zart ist.

Ente mit Gemüse

Für 4 Personen

1 große Ente, in 16 Stücke geschnitten

Salz

300 ml/½ pt/1¼ Tassen Wasser

300 ml/½ pt/1¼ Tassen trockener Weißwein

120 ml/4 fl oz/½ Tasse Weinessig

45 ml/3 EL Sojasauce

30 ml/2 EL Pflaumensauce

30 ml/2 EL Hoisinsauce

5 ml/1 TL Fünf-Gewürze-Pulver

6 Frühlingszwiebeln (Frühlingszwiebeln), gehackt

2 Karotten, gehackt

5 cm weißer Rettich, gehackt

50 g Chinakohl, gewürfelt

frisch gemahlener Pfeffer

5 ml/1 TL Zucker

Die Entenstücke in eine Schüssel geben, mit Salz bestreuen und Wasser und Wein hinzufügen. Weinessig, Sojasauce, Pflaumensauce, Hoisinsauce und Fünf-Gewürze-Pulver hinzufügen, aufkochen und zugedeckt ca. 1 Stunde köcheln lassen. Das Gemüse in die Pfanne geben, den Deckel abnehmen und weitere 10 Minuten köcheln lassen. Mit Salz, Pfeffer und Zucker würzen und abkühlen lassen. Abdecken und über Nacht kühl stellen. Etwas Fett abschöpfen und die Ente in der Soße noch einmal 20 Minuten lang erhitzen.

Gebratene Ente mit Gemüse

Für 4 Personen

4 getrocknete chinesische Pilze

1 Ente

10 ml/2 TL Speisestärke (Maisstärke)

15 ml/1 EL Sojasauce

45 ml/3 EL Erdnussöl

100 g Bambussprossen, in Streifen geschnitten

50 g Wasserkastanien, in Streifen geschnitten

120 ml/4 fl oz/½ Tasse Hühnerbrühe

15 ml/1 EL Reiswein oder trockener Sherry

5 ml/1 TL Salz

Die Pilze 30 Minuten in warmem Wasser einweichen und dann abtropfen lassen. Die Stiele entfernen und die Kappen würfeln. Das Fleisch von den Knochen lösen und in Stücke schneiden. Speisestärke und Sojasauce vermischen, zum Entenfleisch geben und 1 Stunde ziehen lassen. Das Öl erhitzen und die Ente anbraten, bis sie von allen Seiten leicht gebräunt ist. Aus der Pfanne nehmen. Pilze, Bambussprossen und Wasserkastanien in die Pfanne geben und 3 Minuten braten. Brühe, Wein oder Sherry und Salz hinzufügen, aufkochen und 3 Minuten köcheln lassen. Die Ente wieder in die Pfanne geben, abdecken und weitere 10 Minuten köcheln lassen, bis die Ente zart ist.

Weißgekochte Ente

Für 4 Personen

1 Scheibe Ingwerwurzel, gehackt
250 ml/8 fl oz/1 Tasse Reiswein oder trockener Sherry
Salz und frisch gemahlener Pfeffer
1 Ente
3 Frühlingszwiebeln (Frühlingszwiebeln), gehackt
5 ml/1 TL Salz
100 g Bambussprossen, in Scheiben geschnitten
100 g geräucherter Schinken, in Scheiben geschnitten

Ingwer, 15 ml/1 EL Wein oder Sherry, etwas Salz und Pfeffer vermischen. Die Ente damit einreiben und 1 Stunde ruhen lassen. Legen Sie den Vogel mit der Marinade in eine Pfanne mit schwerem Boden und fügen Sie die Frühlingszwiebeln und das Salz hinzu. So viel kaltes Wasser hinzufügen, dass die Ente gerade bedeckt ist, zum Kochen bringen, abdecken und etwa 2 Stunden köcheln lassen, bis die Ente weich ist. Bambussprossen und Schinken dazugeben und weitere 10 Minuten köcheln lassen.

Ente mit Wein

Für 4 Personen

1 Ente
15 ml/1 EL gelbe Bohnensauce
1 Zwiebel, in Scheiben geschnitten
1 Flasche trockener Weißwein

Reiben Sie die Ente innen und außen mit der gelben Bohnensauce ein. Legen Sie die Zwiebel in den Hohlraum. Den Wein in einem großen Topf zum Kochen bringen, die Ente dazugeben, erneut aufkochen lassen und zugedeckt ca. 3 Stunden so sanft wie möglich köcheln lassen, bis die Ente weich ist. Zum Servieren abtropfen lassen und in Scheiben schneiden.

Weindampf-Ente

Für 4 Personen

1 Ente

Sellerie Salz

200 ml/7 fl oz/knapp 1 Tasse Reiswein oder trockener Sherry

30 ml/2 EL gehackte frische Petersilie

Reiben Sie die Ente innen und außen mit Selleriesalz ein und legen Sie sie dann in eine tiefe ofenfeste Form. Stellen Sie einen ofenfesten Becher mit dem Wein in den Hohlraum der Ente. Stellen Sie die Form auf einen Rost in einen Dampfgarer, decken Sie sie ab und dämpfen Sie sie etwa 2 Stunden lang über kochendem Wasser, bis die Ente weich ist.

Gebratener Fasan

Für 4 Personen

900 g/2 Pfund Fasan

30 ml/2 EL Sojasauce

4 Eier, geschlagen

120 ml/4 fl oz/½ Tasse Erdnussöl

Den Fasan entbeinen und das Fleisch in Scheiben schneiden. Mit der Sojasauce vermischen und 30 Minuten stehen lassen. Lassen Sie den Fasan abtropfen und tauchen Sie ihn dann in die Eier. Das Öl erhitzen und den Fasan schnell goldbraun braten. Vor dem Servieren gut abtropfen lassen.

Fasan mit Mandeln

Für 4 Personen

45 ml/3 EL Erdnussöl

2 Frühlingszwiebeln (Frühlingszwiebeln), gehackt

1 Scheibe Ingwerwurzel, gehackt

225 g Fasan, sehr dünn geschnitten

50 g Schinken, zerkleinert

30 ml/2 EL Sojasauce

30 ml/2 EL Reiswein oder trockener Sherry

5 ml/1 TL Zucker

5 ml/1 TL frisch gemahlener Pfeffer

2,5 ml/½ TL Salz

100 g/4 oz/1 Tasse Mandelblättchen

Das Öl erhitzen und die Frühlingszwiebeln und den Ingwer anbraten, bis sie leicht gebräunt sind. Den Fasan und den Schinken dazugeben und 5 Minuten unter Rühren braten, bis sie fast gar sind. Sojasauce, Wein oder Sherry, Zucker, Pfeffer und Salz hinzufügen und 2 Minuten unter Rühren braten. Die

Mandeln dazugeben und 1 Minute lang anbraten, bis die Zutaten gründlich vermischt sind.

Wildbret mit getrockneten Pilzen

Für 4 Personen

8 getrocknete chinesische Pilze
450 g Hirschfilet, in Streifen geschnitten
15 ml/1 EL Wacholderbeeren, gemahlen
15 ml/1 EL Sesamöl
30 ml/2 EL Sojasauce
30 ml/2 EL Hoisinsauce
5 ml/1 TL Fünf-Gewürze-Pulver
30 ml/2 EL Erdnussöl
6 Frühlingszwiebeln (Frühlingszwiebeln), gehackt
30 ml/2 EL Honig
30 ml/2 EL Weinessig

Die Pilze 30 Minuten in warmem Wasser einweichen und dann abtropfen lassen. Die Stiele entfernen und die Kappen in Scheiben schneiden. Das Wildbret in eine Schüssel geben. Wacholderbeeren, Sesamöl, Sojasauce, Hoisinsauce und Fünf-

Gewürze-Pulver vermischen, über das Wildbret gießen und unter gelegentlichem Rühren mindestens 3 Stunden marinieren. Erhitzen Sie das Öl und braten Sie das Fleisch 8 Minuten lang an, bis es gar ist. Aus der Pfanne nehmen. Frühlingszwiebeln und Pilze in die Pfanne geben und 3 Minuten braten. Geben Sie das Fleisch mit Honig und Weinessig wieder in die Pfanne und erhitzen Sie es unter Rühren.

Gesalzene Eier

Macht 6

1,2 l/2 Teile/5 Tassen Wasser

100 g Steinsalz

6 Enteneier

Das Wasser mit dem Salz zum Kochen bringen und rühren, bis sich das Salz aufgelöst hat. Abkühlen lassen. Gießen Sie das Salzwasser in ein großes Glas, fügen Sie die Eier hinzu, decken Sie es ab und lassen Sie es einen Monat lang stehen. Kochen Sie die Eier hart, bevor Sie sie mit Reis dämpfen.

Soja-Eier

Für 4 Personen

4 Eier

120 ml/4 fl oz/½ Tasse Sojasauce

120 ml/4 fl oz/½ Tasse Wasser

50 g/2 oz/¼ Tasse brauner Zucker

½ Kopfsalat, zerkleinert

2 Tomaten, in Scheiben geschnitten

Die Eier in einen Topf geben, mit kaltem Wasser bedecken, aufkochen und 10 Minuten kochen lassen. Abgießen und unter fließendem Wasser abkühlen lassen. Geben Sie die Eier wieder in die Pfanne und geben Sie Sojasauce, Wasser und Zucker hinzu. Aufkochen, abdecken und 1 Stunde köcheln lassen. Den Salat auf einem Servierteller anrichten. Die Eier vierteln und auf den Salat legen. Mit Tomaten garniert servieren.

www.ingramcontent.com/pod-product-compliance
Lightning Source LLC
Chambersburg PA
CBHW070401120526
44590CB00014B/1207